中国社会组织国际交流合作
年度报告（2021）

ANNUAL REPORT ON

H N SE S C AL ORG N ZATI NS

INTERNATIONAL EXCHANGES AND COOPERATION

（2021）

陈洲／主编

当代世界出版社
THE CONTEMPORARY WORLD PRESS

图书在版编目（CIP）数据

中国社会组织国际交流合作年度报告 . 2021 / 陈洲
主编 . —— 北京：当代世界出版社，2023.6
ISBN 978-7-5090-1709-8

Ⅰ . ①中… Ⅱ . ①陈… Ⅲ . ①社会组织 – 国际交流 –
研究报告 – 中国 – 2021 ②社会组织 – 国际合作 – 研究报告
– 中国 – 2021 Ⅳ . ① C232

中国国家版本馆 CIP 数据核字 (2023) 第 005982 号

书　　名：中国社会组织国际交流合作年度报告（2021）
出 品 人：丁　云
策划编辑：刘娟娟
责任编辑：刘娟娟　姜松秀
装帧设计：王昕晔
版式设计：韩　雪
出版发行：当代世界出版社
地　　址：北京市地安门东大街70-9号
邮　　编：100009
邮　　箱：ddsjchubanshe@163.com
编务电话：(010) 83907528
发行电话：(010) 83908410（传真）
　　　　　13601274970
　　　　　18611107149
　　　　　13521909533
经　　销：新华书店
印　　刷：北京新华印刷有限公司
开　　本：710毫米×1000毫米　1/16
印　　张：14
字　　数：126千字
版　　次：2023年6月第1版
印　　次：2023年6月第1次
书　　号：ISBN 978-7-5090-1709-8
定　　价：88.00元

序　言

中共中央对外联络部部长　刘建超

　　习近平总书记指出，人民友谊是国家关系发展的重要基础，深化人文交流互鉴是消除隔阂和误解、促进民心相知相通的重要途径。党的十八大以来，习近平总书记高度重视民间外交和国际民间交流合作，高度重视社会组织在民间外交中的主体作用，亲自向中非民间论坛、上海合作组织民间友好论坛、二十国集团民间社会会议、长城国际民间文化艺术节等活动致贺信，亲自倡议成立丝绸之路沿线民间组织合作网络、"一带一路"智库合作联盟、上合组织青年科技创新论坛等平台，亲自关心"丝路一家亲"行动框架内的民生合作项目，引领各国民间社会组织为共建全球发展伙伴关系构筑更加坚实的民意基础，提供更加有力的民心支撑。习近平总书记多次在外事活动中讲述感人至深的民间友好和民心相通故事，勉励中国社会组织保持和增强政治性、先进性、群众性，自觉承担使命，认真履行职责，积极促进世界各国人民间的友好交流和民心相通，为实现第二个百年奋斗目标、实现中华民族伟大复兴中国梦作出新的更大贡献。

一、在习近平总书记的重视和推动下，社会组织深入开展国际交流合作，推动民间外交取得重要成果

在习近平总书记的亲切关怀下，中国社会组织开展了一系列特色鲜明、成效显著的活动，生动诠释了中国理念、中国精神和中国力量，以实际行动增进各国民众间的友情、理解和信任，谱写构建新型国际关系、构建人类命运共同体的感人篇章。

同国际民间社会深入对话，积极宣介习近平新时代中国特色社会主义思想。习近平新时代中国特色社会主义思想是最硬的"软实力"，具有强大的国际感召力、影响力、塑造力，得到国际社会的广泛赞誉。中国社会组织向国际民间社会系统宣介《习近平谈治国理政》，介绍构建人类命运共同体、全过程人民民主、全球发展倡议、全球安全倡议等中国新理念、中国新方案。围绕习近平总书记重大外交活动，中国社会组织精心设计民间配套活动，用心用情用力讲好中国故事、传播好中国声音，向各国各界展示真实、立体、全面的中国，助力提升中华文化感召力、中国形象亲和力、中国话语说服力。在党的二十大召开、建党百年等重要时间节点，外国非

政府组织、智库、媒体、友好人士等主动向习近平总书记和中国共产党致贺，表达对习近平新时代中国特色社会主义思想的广泛赞誉和对中国发展理念的高度认同。

通过民间渠道凝聚共识，积极承担维护国家核心利益的使命担当。维护国家主权、安全、发展利益是我国对外工作的出发点和落脚点。面对百年未有之大变局加速演进，中国社会组织勇于亮明原则立场、划出红线、捍卫底线，坚持敢于斗争、善于斗争，充分显示中国人民维护国家利益的决心和意志。同时，中国社会组织主动加强全方位对外交往，团结各种积极力量，注重策略方法、讲究斗争艺术，用事实说服人、用道义感染人，引领国际民间社会形成正确的"中国观"和"中共观"，为维护国家利益积极营造客观友善的国际环境。

坚定捍卫真正的多边主义，全力推动全球治理体系朝着更加公正合理的方向发展。推动全球治理体系改革与完善，中国力量、中国声音、中国理念、中国方案至关重要。中国社会组织根据自身特色优势，积极参与构建全球发展共同体、全球安全共同体、人类卫生健康共同体、人与自然生命共同体、网络空间命运共同体、核安全命运共同体、海洋命运共同体等，积极参与亚太区域合作、金砖国家、二十国集团、联合国系统等多边机制，介绍中国共商共建共享的全球治理观和践行真正的多边主义立场，运用民心民意的力量推进全球治理规则民主化，为维护世界和平、促进共同发展、推动国际合作贡献中国人民的智慧与力量。

持续深化世界各国民心相通，积极促进"一带一路"建设行稳致远。民心相通是最基础的互联互通。实现民心相通，可以不断搭建中国同世界各国的友好桥梁，让"一带一路"建设更好造福世界各国人民。社会组织代表民众、承载民意，主动担当增进民心相通的"主力军"，通过民间渠道推动各国各界为"共商"拓宽渠道，为"共建"搭建平台，为"共享"夯实基础。在增进民心相通进程中，中国社会组织以真心换真心，积极开展"一带一路"民心工程，开展"小而美"、惠民生、可持续项目，在发展中讲好中国故事和"一带一路"故事，深入阐释共建"一带一路"的理念、原则、方式等，与各国民间力量共同打造和平之路、繁荣之路、开放之路、创新之路、文明之路，推动"一带一路"建设行稳致远，迈向更加美好的未来。

二、在国家总体外交大局和全球治理变局中锚定方向，深化对社会组织国际交流合作的规律性认识

中国社会组织国际交流合作成果丰硕，根本在于以习近平同志为核心的党中央的坚强领导，在于习近平新时代中国特色社会主义思想的科学指引。中国社会组织坚持践行习近平新时代中国特色

社会主义思想，深入贯彻落实习近平总书记关于民间外交、民心相通、全球治理的重要论述精神，不断深化、不断丰富对推进国际交流合作的规律性认识。

必须坚持党的集中统一领导。中国共产党的领导是中国特色社会主义最本质的特征，是中国特色社会主义制度的最大优势。社会组织国际交流合作直接体现了党对民间外交工作的坚强领导，展现出党和国家各项工作的重大成就。党的集中统一领导是我们应对百年变局、战胜风险挑战的最大底气。必须始终坚持和加强党的领导，充分发挥党总揽全局、协调各方的领导核心作用，才能保证中国社会组织始终聚焦党和国家中心工作，全面服务国家发展大局，牢牢把握"走出去"开展国际交流合作的正确方向。

必须坚持以人民为中心。人民友好是促进世界和平与发展的基础力量，是实现合作共赢的基本前提。民间外交是以人民为中心的发展思想在对外工作中的具体体现，社会组织作为各国民间社会的重要组成部分和各国人民之间往来的重要桥梁，要深刻把握人民性这一根本属性，始终坚持面向各国民众、服务各国民众、引领各国民众，着眼于解决各国民众最关心最直接的问题，打通国际交流合作的"最后一公里"，积极争取各国民众对我国理解和信任，夯实我国与世界各国关系的社会民意基础。

必须坚持推动文明交流互鉴。文明交流互鉴是推动人类社会进步的动力、维护世界和平的纽带，能够让世界在多元文化中保持活力。民间外交是推进文明交流互鉴最深厚的力量。社会组织在国际交流合作中从不同角度向世界阐释具有中国特色、体现中国精神、蕴含中国智慧的优秀文化，可以促进各国民众相互了解、相互支持、相互认同，以文明交流交融破解"文明冲突论"，夯实构建人类命运共同体的人文基础。

必须坚持守正创新、担当作为。我国发展的内外环境在不断变化，外交实践中新机制、新平台、新形式纷纷涌现，外交理论中新成果、新主张、新认识亮点纷呈。要抓住发展机遇、战胜风险挑战，社会组织的思想认识也必须不断前进，在开展国际交流合作中不断创新。中国社会组织要积极展示中国在全球治理中的新担当、新作为，准确把握国际民间社会的新特点、新趋势，深入了解有关国家的新变化、新发展，不断开拓国际交流合作的新渠道、新领域。

三、以习近平新时代中国特色社会主义思想为指导，全面贯彻落实党的二十大精神，推动社会组织国际交流合作提质升级，在对外工作中发挥更大作用

习近平总书记在党的二十大报告中指出，当前，世界之变、时代之变、历史之变正以前所未有的方式展开。一方面，和平、发展、合作、共赢的历史潮流不可阻挡，人心所向、大势所趋决定了人类前途终归光明。另一方面，恃强凌弱、巧取豪夺、零和博弈等霸权霸道霸凌行径危害深重，和平赤字、发展赤字、安全赤字、治理赤字加重，人类社会面临前所未有的挑战。在以习近平同志为核心的党中央坚强领导下，我国已迈上全面建设社会主义现代化国家新征程，我国的国际影响力、感召力、塑造力显著提升。面对新时代新征程的使命任务，我们要更加紧密地团结在以习近平同志为核心的党中央周围，勇于担当、主动作为、齐心协力、真抓实干，推动社会组织国际交流合作创新发展，促进各国人民相知相亲，深化拓展全球伙伴关系，为全面建成社会主义现代化强国、实现第二个百年奋斗目标，以中国式现代化全面推进中华民族伟大复兴而团结奋斗。

增强战略自信，在国际民间社会高举中国特色社会主义伟大旗帜。以"四个自信"为精神内核，以开放包容为外在体现，在国际交流合作中展现中国特色、中国风范、中国气派。抓住当前国际社会对深入学习借鉴习近平新时代中国特色社会主义思想的需求不断上升、愿望更加迫切的态势，充分发挥社会组织的特色优势，理念与实践并重，系统阐述习近平新时代中国特色社会主义思想的丰富内涵和时代意义，积极宣介党和国家各项事业取得的历史性成就、发生的历史性变革，使各国民众在交流合作中充分感受中国特色社会主义的强大思想和精神力量，增进对中国和中国共产党的理解、支持和认同，扩大彼此利益交汇点和话语共同点。

胸怀两个大局，为中华民族伟大复兴、世界和平发展作出新的更大贡献。深刻认识和准确把握两个大局的发展规律和相互联系，立足国内、放眼世界，既集中精力办好自己的事，又积极参与全球治理，为国内发展创造良好环境。要更加积极主动融入国家治理体系和治理能力现代化建设，努力增进社会福祉，同时要在国际交流合作中发挥战略主动，以更加积极的姿态参与国际事务，让世界更加客观地看待中国和广大发展中国家的国际地位，推动百年大变局向有利于中华民族伟大复兴、有利于世界和平发展的方向演进。

坚持情理相交，在平等、和平、包容的基础上发展全球伙伴关系。社会组织国际交流合作是我国全方位、多层次、立体化对外工作布局中的重要内容。要以情理相交、真诚温暖的风格在国际社会广交朋友，以经贸、科技、文化、教育、卫生、体育等为载体深入构建全球伙伴关系网络。发挥广大社会组织的优势特色和聪明才智，坚持不懈地面向主要大国、发展中国家、"一带一路"沿线国家、多边机构等开展国际交流合作，积极分享发展经验，贡献更多公共产品，争取更多的国际认同和支持。

加强队伍建设，不断提升社会组织开展国际交流合作的能力水平和国际影响力。随着国际交流的内涵和外延不断扩展，社会组织投身其中，既要政治过硬，又要本领高强。要坚持深入学习习近平新时代中国特色社会主义思想，学习国家法律法规和各方面知识，熟悉国际交流合作的基本规则，不断提高科学化、专业化、国际化水平。希望更多社科工作者、科技工作者、医务工作者、工商界人士、华人华侨、海外留学生等加入社会组织国际交流合作队伍，进一步拓展民间外交主体和平台，更大范围、更高层次参与国际交流合作。

目 录

孙吉胜

第三篇 社会组织国际交流合作的规划与展望

第一篇

社会组织国际交流合作的政策与理论

踔厉奋发，担当作为，在服务全面建设社会主义现代化国家新征程中勇毅前行

陈洲

中共中央对外联络部副部长

习近平总书记指出，民间组织是推动经济社会发展、参与国际合作和全球治理的重要力量。近年来，我国社会组织在开展国际交流合作过程中进行了积极探索并取得显著成效。面对百年变局和纷繁复杂的国际环境，我国社会组织要认清形势，抓住机遇，练好内功，以饱满的热情和扎实的专业素养开展国际交流合作，为深化"一带一路"民心相通、推进全球治理体系改革与建设、构建人类命运共同体作出应有贡献，为全面建成社会主义现代化强国、实现第二个百年奋斗目标发挥应有作用。

一、深刻把握新形势下社会组织开展国际交流合作的历史机遇

新时代中国特色社会主义事业的发展需要社会组织积极开展国际交流合作。我国社会组织开展国际交流合作肩负着维护国家利益、增进民心相通、参与全球治理、推动构建人类命运共同体等光荣使命和艰巨任务，是国家间交往的一条重要战线。《"十四五"社会组织发展规划》中明确指出，稳妥实施社会组织"走出去"，有序开展境外合作，增强我国社会组织参与全球治理能力，提高中华文化影响力和中国"软实力"。当前，我国经济社会各项事业蓬勃发展，我国面临的外部环境更趋复杂严峻。我们既要对外宣传好中国理念，向世界贡献中国智慧和中国方案，也要正本清源，有力回击境外敌对势力对中国和中国共产党的污蔑、抹黑和攻击，争取国际社会更多理解、认同和支持。

我国在全球和国家治理领域的理念与实践为社会组织开展国际交流合作提供了坚实支撑。习近平总书记提出的践行正确的义利观、构建以合作共赢为核心的新型国际关系等重要思想，以及构建人类命运共同体、全球发展倡议、全球安全倡议、全人类共同价值等重要理念在国际社会引发强烈反响和共鸣。针对国际格局深刻变化和民粹主义、孤立主义、逆全球化等思潮的泛滥，中国传统文化倡导

的整体观、包容性、和谐发展等思想提供了解决思路。在减贫、气候变化、可持续发展、卫生健康以及南南合作等领域，中国以丰富的实践和负责任的担当日益发挥引领作用。我国社会组织在开展国际交流合作过程中对外传播的领域和内容不断丰富，受到的关注度和发挥的影响力显著增加。

我国社会组织通过探索逐渐走出一条独具特色的国际交流合作之路。近年来，我国社会组织开展国际交流合作的范围不断扩大、领域逐步拓宽。特别是因应国内外形势变化和全球性、区域性重大风险挑战，在开展国际交流合作方式方法方面进行了有益探索和不断创新。在联合国舞台上，我国社会组织积极发声，积极宣介我国经济社会各项事业发展成就，有力驳斥反华势力不实言论。在重大双多边政府活动框架下，我国社会组织主动开展民间配套活动，努力营造良好国际民间社会舆论环境。在新冠肺炎疫情等突发公共卫生事件面前，我国社会组织勇于担当，积极开展民间抗疫国际合作，以实际行动践行人类命运共同体理念。此外，我国社会组织还与海外企业及所在国非政府组织等合作实施民生项目，为当地民众带来实惠。这些成就既集中体现了社会组织工作的成果，更为社会组织进一步开展国际交流合作奠定了良好基础。

国家政策、制度等扶持为社会组织开展国际交流合作提供了有力保障。多年来，党和国家不断加强关于社会组织"走出去"的顶层设计，有关工作机制日臻完善，南南合作援助基金等政策保障工具不断丰富。社会组织开展国际交流合作的主要方向、重点领域和基本格局已初步形成。2021 年 10 月 1 日正式施行的《对外援助管理办法》为社会组织参与国际合作提供了新的制度保障，各领域领军组织和基本盘逐渐形成，枢纽型社会组织的平台作用进一步彰显。

二、充分认识后疫情时代社会组织开展国际交流合作面临的挑战和考验

百年变局和世纪疫情交织叠加，国际形势依然复杂严峻。当前，世界之变、时代之变、历史之变正以前所未有的方式展开。世界面临的不稳定性不确定性突出，经济全球化遭遇逆流，单边主义、保护主义、霸权主义对世界和平与发展构成威胁。新冠肺炎疫情背景下，许多国家在不同程度上出现了民粹主义和"本国优先论"呼声，国际交往受到前所未有的冲击。

全球治理遭遇挑战，消除赤字任重道远。当前，全球热点问题此起彼伏，全球治理体系尚不能及时调整适应。公共卫生、气候变化、数字鸿沟等加剧了世界的不平等，贫困和饥饿问题几十年来首次呈现加重趋势，发展中国家在全球治理中的影响力和代表性明显不足。人类处在一个挑战层出不穷、风险日益增多的时代。消除全

球治理赤字需要官民并举，多方参与。我国社会组织还需要在实践中不断提升参与全球治理的意识和能力。

各国对开展国际交流合作的认识和需求不一，开展交流合作的不确定因素增加。世界各国体制不一，形态各异，发展阶段存在差异，且受到民族、宗教、政治、文化、风俗、传统等因素影响，增进民间理解与合作存在不小难度。有些国家受到舆论影响，对彼此间开展交流合作存在疑虑甚至误解，不同程度影响了这些国家民众对开展交流合作的信任度和支持度。

我国社会组织开展国际交流合作的能力水平有待进一步提升，人才队伍需要进一步壮大。目前，我国参与国际非政府组织活动的社会组织还不够多，直接参与服务党和国家重大外交议程的社会组织还很稀缺。社会组织在对外交往中的主动性有待进一步增强，管理有待进一步规范，对开展国际交流合作的战略目标制定和人才引进等的认识需要进一步提高，措施需要进一步到位。

三、以习近平新时代中国特色社会主义思想为指导，全面贯彻落实党的二十大精神，推动社会组织开展国际交流合作取得新成效

社会组织开展国际交流合作是中国特色大国外交的有机组成部

分。面对当前我国发展所处的历史方位和风云变幻的国际形势，我们要始终紧密团结在以习近平同志为核心的党中央周围，自信自强，守正创新，踔厉奋发，勇毅前行，推动社会组织开展国际交流合作不断取得新成效，为促进各国人民相知相亲，共同应对各种全球性挑战，实现全人类共同发展进步贡献民间智慧和力量。

明确目标，在推动民间外交和民心相通事业中找准定位。习近平总书记指出，民间外交是增进人民友谊、促进国家关系发展的基础性工作，是国家总体外交的重要组成部分。社会组织是民间对外交往的主体，应深刻认识"走出去"开展民间交流合作的重大意义和光荣使命，在服务党和国家中心工作和外交全局中找准定位、做好谋划、有效发力。要以习近平总书记有关重要论述精神为指引，不断提高政治站位，增强工作的使命感和荣誉感，自觉提升工作能力和业务水平，在国家发展进步的事业中不断发展壮大自己，为实现我国第二个百年奋斗目标和中华民族伟大复兴作出应有贡献。

不忘使命，切实维护国家主权、安全和发展利益。维护国家主权、安全、发展利益是我国对外工作的出发点和落脚点。社会组织在开展国际交流合作中要通过民间渠道凝聚共识，积极影响和引领国际民间社会的认知走向和各国民心民意的走向。在涉及国家政治安全、国家主权和国土安全等重大、核心问题上要坚持敢于斗争、善于斗争。要结合本领域工作实际，发挥特色优势，团结各方积极力量，调用一切积极因素，讲求斗争策略，以理服人，以情动人，争取国际民间社会的理解和支持。

开拓创新，进一步提升开展国际交流合作的实效。社会组织开展国际交流合作打造了许多惠及民生、触动民心的品牌交流活动和合作项目。要继续深耕细作，长期跟进、持续放大品牌效应，并在扩大领域、拓展范围、丰富形式、提升层次上下功夫，使这些品牌真正成为增进民心相通的有效平台。要积极参与全球治理，发挥社会组织在专业治理领域的优势和特长，同国际非政府组织加强交流合作，提供更多国际公共产品和服务，并逐步参与国际规则、标准的制定和全球治理体系的改革与完善。要积极申请联合国经社理事会咨商地位，参与联合国系统会议，通过联合国平台更加有效地参与全球治理。

润物无声，讲好民间交流合作故事。中国共产党已经走过百余年辉煌奋斗历程，胜利召开第二十次全国代表大会。国际社会渴望全方位、多角度、深层次了解中国共产党和中国。社会组织有责任和义务积极传播习近平新时代中国特色社会主义思想，广泛宣介中国的发展理念、制度优势、治理成效、文化传承。要通过与国外非政府组织建立合作伙伴关系和开展合作项目，以润物无声的方式讲好新时代民间交流合作的故事，使各国民众切实感受到故事背后强大的思想和精神力量，展现出与时俱进、开放自信、清正廉洁的中国共产党的形象和可信、可爱、可敬的中国形象，推动中华文化更好走向世界。

练好内功，自觉提升国际交流合作的能力和水平。要把学习习近平新时代中国特色社会主义思想、习近平外交思想和习近平总书记关于民间外交、民心相通、全球治理等重要论述精神作为首要任务，联系民间交往实际学习，确保对外交往方向不偏、分寸得当、成效彰显。要了解国际地区形势和对象国国情和法律法规，熟悉中国国情、历史和对外政策，在实际工作中做到运用自如、融会贯通。要积极参加各种形式的培训，做好人才选拔和培育，不断提升社会组织开展国际交流合作的能力和水平。

不断提升中国社会组织国际影响力

詹成付

民政部党组成员、副部长

社会组织国际影响力一般是指一国社会组织在双边、多边、区域性、国际性事务中发挥作用情况的总称。改革开放以来，中国社会组织发展取得了长足进步。全国登记注册的各类社会组织总量已达90.6万个，是新中国成立初期的2万倍，是改革开放初期的150倍，广大社会组织在促进经济发展、繁荣社会事业、扩大对外交往等方面发挥了积极作用。但从国际影响力来看，中国社会组织与主要发达国家还存在较大差距。比如，以我国为主发起成立的国际性社会组织和能够"走出去"参与国际事务的社会组织数量还不多，中国社会组织在国际上的参与度、话语权、塑造力还比较弱。立足中华民族伟大复兴战略全局和世界百年未有之大变局，我们要更加深刻地认识到，增强中国社会组织的国际影响力对于稳大局、应变局、开新所具有重要的战略意义，我们要以更高的思想自觉、政治自觉、行动自觉，进一步强化战略布局、拓展现实路径、完善扶持政策，切实提升中国社会组织的国际影响力。

一、提升中国社会组织国际影响力的重要性

从国家发展所处的历史方位来看，这是中国日益走近世界舞台中心所必需。当前，中国迈上了向全面建设社会主义现代化国家第二个百年奋斗目标进军的新征程，我们前所未有地接近实现中华民族伟大复兴的目标，前所未有地靠近世界舞台的中心。从经济硬实力来看，中国自 2010 年超越日本以来，一直是世界上仅次于美国的第二大经济体，与美国之间的差距还在不断缩小。但从文化软实力来看，中国的国际话语权同其综合国力和国际地位还不相匹配，需要努力提高国际话语权，加强国际传播能力建设，精心构建对外话语体系，增强对外话语的创造力、感召力、公信力。社会组织作为当今全球治理体系的重要参与者，在助力提升国家话语权和文化软实力上有着义不容辞的责任。中华民族伟大复兴进入不可逆转历史进程的客观现实，迫切要求我们要引导中国社会组织加快掌握国际规则、转化话语体系，积极参与"一带一路"高质量发展，推动构

建人类命运共同体，真正讲好中国故事、更好展示中国形象，在全球治理中发挥更大作用，有力服务国家总体对外战略，助力实现第二个百年奋斗目标。

从国家发展所面临的外部环境来看，这是有效应对外部严峻挑战所必需。当前，世界百年未有之大变局加速演进，世界之变、时代之变、历史之变的特征更加明显。中国发展面临新的战略机遇、新的战略任务、新的战略阶段、新的战略要求、新的战略环境，需要应对的风险和挑战、需要解决的矛盾和问题比以往更加错综复杂。特别是美国将中国视为首要战略竞争对手，采取各种手段打压、遏制中国崛起，力图拉起孤立、围堵中国的包围圈，以意识形态划线，以人权、自由、宗教、环保等为幌子，妄图利用非政府组织等民间力量在敏感领域对我国进行渗透破坏，抹黑污蔑"一带一路"海外合作项目，阻碍我国发展进程，损害我国国际形象。这迫切要求我们要做好较长时间应对外部环境变化的思想准备和工作准备，采取有针对性的措施应对来自国际上的各种风险挑战，敢于斗争、善于斗争，充分利用社会组织的民间性、灵活性等特殊优势，发挥好社会组织在对外工作中的特殊作用，坚决遏制美国和部分西方国家的围追堵截和渗透破坏，努力增进民间友好、促进民心相通，不断扩大国际"朋友圈"，有效改善我国周边发展环境，维护好国家主权、安全和发展利益。

　　从社会组织自身发展来看，这是社会组织高质量发展所必需。经过改革与发展，中国社会组织总量已逾 90 万个，广泛分布于各行业、各领域、各层级，全国各类社会组织年收入近 6000 亿元，从业人员达 1100 多万人，社会组织已经成为国家经济社会发展中一支不可忽视的重要力量。2016 年中共中央办公厅、国务院办公厅《关于改革社会组织管理制度促进社会组织健康有序发展的意见》提出，要"引导社会组织有序开展对外交流，参加非政府间国际组织，参与国际标准和规则制定，发挥社会组织在对外经济、文化、科技、体育、环保等交流中的辅助配合作用，在民间对外交往中的重要平台作用"，为社会组织国际化发展提供了方向指引和政策支持。随着中国进入新发展阶段，中国社会组织的发展也已经从过去重数量、粗放式增长的阶段转向了重质量、精细化发展的阶段，正在走出一条具有中国特色的社会组织高质量发展之路。可以说，中国社会组织国际影响力的提升，具备了天时、地利、人和的时代条件和现实基础。支持引导有条件的社会组织大胆"走出去"，在世界舞台上经风雨、见世面、强筋骨，是中国社会组织实现自身高质量发展的重要途径。

　　总之，助推中国社会组织加快国际化发展步伐、不断提升国际影响力，于国、于民、于社会组织都有利，是一项具有重要战略意义的工作。

二、提升中国社会组织国际影响力的现实路径

中国社会组织国际影响力的提升是一个长期的过程，不可能一蹴而就，需要我们提高站位、找准定位，把握时代方位、长远系统谋划，多路并进、久久为功，努力找到一条符合国情实际、契合对外工作需要、务实管用的社会组织国际化发展之路。从近年来社会组织的实践探索看，提升社会组织国际影响力，以下几方面路径在当前和今后一个时期是比较现实的，应当重点考虑。

一是培育壮大国际性社会组织。国际性社会组织是参与国际事务和全球治理的重要主体，是拓展中国社会组织国际影响力的排头兵。培育壮大国际性社会组织队伍，是推进中国社会组织国际影响力提升的有力手段。近年来，民政部认真贯彻落实习近平总书记有关重要讲话精神和党中央、国务院决策部署，积极推进以我为主的国际性社会组织成立登记工作，特别是 2019 年以来，有关工作步伐进一步加快，先后批复成立了"一带一路"国际科学组织联盟、"一带一路"律师联盟、全球音乐教育联盟、世界超高清视频产业联盟、世界中国学研究联合会、全球服务贸易联盟、世界互联网大会、国际氢能燃料电池协会等一大批急需紧缺的国际性社会组织，有力服务了国家对外开放大局，为提升社会组织国际影响力提供了力量队伍、组织保障和多元化平台。

二是积极参与联合国和有关国际非政府组织工作。联合国是维护和践行多边主义的核心机制和全球治理的主要平台。联合国经社理事会（ECOSOC）咨商地位是衡量各国社会组织国际影响力的重要指标。据统计，截至 2022 年 8 月 1 日，全球享有联合国经社理事会咨商地位的非政府组织共 6110 个，其中中国大陆的社会组织共 63 个，占比仅为 1%。近年来，随着中国自身实力和全球影响力的提升，越来越多的社会组织通过申请联合国经社理事会咨商地位的方式"走出去"、参与全球治理，不断提升其国际影响力。此外，一些社会组织积极申请加入有影响力的国际非政府组织，通过建立伙伴关系、成为会员甚至担任领导职务等方式，积极参与国际事务、发出中国声音。

三是稳步设立海外分支机构或代表机构。近年来，一些社会组织制定长远海外发展战略，通过在特定国家和地区设立分支机构、代表机构，深耕当地、谋求发展。中国扶贫基金会❶自 2015 年开始先后在缅甸、尼泊尔、埃塞俄比亚三个国家设立海外办公室，爱德基金会先后在埃塞俄比亚、肯尼亚、瑞士设立海外办事处，他们在当地聚焦应急救灾、医疗援助、反贫困、可持续发展等领域开展长期性公益活动，赢得了对象国的普遍欢迎和认可。全球能源互联网

---

❶ 中国扶贫基金会于 2022 年 6 月更名为"中国乡村发展基金会"。

发展合作组织扎实推进国际化战略，成立仅六年来，先后设立了亚洲办公室、西亚－北非办公室、东南亚办公室、中南美洲办公室、欧洲办公室、东欧－中亚办公室、北美洲办公室等七个海外办事机构，积极对外拓展业务，国际影响力得到快速提升。

四是参与实施特定海外援助项目或进行捐赠。通过非政府组织实施国家对外援助是许多西方国家的通行做法和有效经验。近年来，中国逐步将社会组织纳入对外援助工作体系，比如从南南合作援助基金中拿出部分资金，委托社会组织针对特定国家和地区开展援助项目，为社会组织国际化发展提供资金支持。此外，在一些国际性重大灾害、事故、公共卫生事件特别是此次新冠肺炎疫情中，中国社会组织尤其是广大慈善组织迅速行动、主动出击，通过组织募捐、向受灾国家捐款捐物、派出应急医疗队或志愿者等方式对受援国给予大力援助，获得了良好的国际口碑，有效提升了中国社会组织的海外形象和国际影响力。

五是积极推进行业标准建设、搭建对外交流合作平台。制定国际行业规则、组建国际合作网络、搭建国际交流平台等是当今许多社会组织在国际事务中发挥作用、提升国际影响力的有效手段。党的十八大以来，中国社会组织累计参与制定各类国际标准近400件，在国际事务中的作用不断凸显。全球中央对手方协会是金融清算同业非政府组织，自2016年落户上海以来，积极发挥标准制定、监管协调、行业自律等多方面作用，在行业内具有很强的国际影响力。中国民间组织国际交流促进会（以下简称"中促会"）积极搭建对外交流平台发起"一带一路"民心相通系列活动和"丝路一家亲"民间抗疫共同行动，推动建立"丝绸之路沿线民间组织合作网络"等，吸引了70多个国家和地区近400个社会组织加入该网络，成为促进中外民间交往、凝聚中外民间力量的重要载体。

六是积极吸引外国人才加入中国社会组织。将外国专业人才特别是科技创新领域的顶尖科学家"引进来"，是中国加快实现科技自立自强、积极构建新发展格局的有力举措，也是提升中国社会组织国际影响力行之有效的办法。2021年，民政部会同中央组织部、科技部、中国科学技术协会等15个部门制定了外籍科技人才加入中国科技类社会组织的政策，允许在部、省两级登记的科技类社会团体吸收外籍科技人才成为会员、担任领导职务，为科技类社会团体发挥引智引才功能、进一步增强外籍科技人才的认同感和融入感提供了政策依据。可以预见，随着对外开放程度的不断扩大，未来将会有越来越多的外籍科技人才通过社会组织流入中国，在社会主义现代化建设的舞台上施展才华、发挥作用，这为中国社会组织动员力、号召力和国际影响力的提升开辟了新路径。

三、努力为中国社会组织国际影响力提升创造条件

党的十八大以来，随着国家综合国力和国际影响力的稳步提升，中国社会组织融入世界的步伐进一步加快，在国际事务中发挥的作用愈加明显。但总的来看，具备国际视野、专业能力，有意愿投身海外工作的社会组织专业人才还很稀缺；以支持社会组织"走出去"为宗旨的基金会数量还不多；绝大多数社会组织专注于国内业务，缺乏"走出去"的主动性和积极性；一些"走出去"的社会组织工作内容和方式单一，以参加国际性会议、论坛或开展捐赠为主，而扎根海外、深入基层开展长期服务的动力、能力和经验不足。作为社会组织的登记管理机关，民政部将站在"两个大局"的高度，深刻认识做好社会组织"走出去""引进来"的战略意义，努力为中国社会组织特别是以我为主的国际性社会组织发展提供更好的政策环境、更大的服务支持，积极助推中国社会组织国际影响力不断提升。

一是进一步加强宣传引导。通过政策宣讲、表彰先进、典型宣传等多种方式，加大对社会组织的正面引导，提高有关政策的知晓度，切实调动社会组织"走出去""引进来"的积极性、主动性，增强他们的使命感、责任感、紧迫感和荣誉感。完善社会组织评估标准，将国际影响力作为社会组织尤其是国际性社会组织评估的重要

指标，将具有国际影响力的社会组织作为"全国先进社会组织"评选表彰的重点对象，努力营造支持社会组织"走出去""引进来"的鲜明政策导向和良好舆论氛围。

二是进一步做好登记管理。认真落实习近平总书记在科学家座谈会上提出的"要逐步放开在我国境内设立国际科技组织"指示精神，加快推进社会组织登记管理条例修订工作，制定符合国际惯例、立足中国发展实际的《国际性社会组织章程示范文本》，促进国际性社会组织登记管理有法可依、内部治理更为规范、作用发挥更为突出。立足"四个面向"，加强战略布局和长远谋划，积极推进关键、急需、前沿科技领域国际性社会组织成立登记工作，加快建设一批政治过硬、专业突出、结构合理、具备竞争力和影响力的国际性社会组织。坚持顶层设计和基层探索相结合，支持符合条件的地方加大创新力度，在国际性社会组织登记管理、培育发展方面积极探索，为深化改革积累可复制、能推广的试点经验。

三是进一步完善扶持政策。加快研究制定社会组织在海外设立分支机构、代表机构办法，支持社会组织积极拓展海外服务阵地，加快国际化发展步伐。支持成立以资助社会组织"走出去"为宗旨的基金会等社会组织，积极推动有关部门将更多社会组织特别是国际性社会组织纳入国家对外援助工作体系，加大政府购买服务力度，鼓励企业和社会捐赠，为社会组织"走出去"提供更为稳定的资金支持。帮助社会组织培养一批具备国际视野、语言能力和专业技能的对外工作人才，提高社会组织特别是国际性社会组织参与国际事务的主动性、专业性和有效性。

四是进一步搞好协调服务。加强与重点社会组织、国际性社会组织的经常性联系，准确掌握其基本情况和工作动态，认真听取其诉求和建议，积极帮助他们解决"走出去""引进来"所面临的各类现实问题与困难。加强与有关部门的常态化沟通，深入研究新的国际形势和疫情常态化背景下社会组织国际化发展中出现的新情况、新问题、新挑战，统筹发展与安全，加强工作预判，强化风险防范，努力为社会组织国际影响力提升创造更好条件。

中国社会组织的国际化发展路径
——以享有联合国经社理事会咨商地位的组织为例

贾文键
北京外国语大学副校长、国际组织学院院长

刘铁娃
北京外国语大学北外学院副院长

一、中国社会组织的国际化发展进程

在中国，随着经济社会发展，与国际接轨程度不断提高，公共产品供给的主体也随之变化，出现了"政府 + 企业""政府 + 社会组织""企业 + 社会组织""政府 + 企业 + 社会组织"等多种形式。❶特别值得注意的是，中国国际化程度较高的社会组织通常都是与

---

❶ 黄晓渝、蒋永穆、任泰山：《中国社会组织演化：过程、动因及政策》，北京：光明日报出版社，2021年版，第23页。

政府或者企业合作关系较为紧密的，或者本是直接脱钩于政府的社会组织，这样的工作模式并未影响中国社会组织的独立发展，反而酝酿出了多家具有典型特色、业务领域多元、国际合作渠道畅通的组织。

国内社会组织在主权国家内登记、注册，但也可能对全球治理发表自己的看法，并在国内外采取相应的一些行动。如果能够得到重要国际组织的某种承认，能够在某种国际制度的平台上发表观点和采取行动，就可以成为跨国性全球治理行动的直接参与者，所发挥的作用会对全球治理的态势产生直接影响。新中国1971年恢复了在联合国的合法席位，"对联合国专门机构、相关组织的参与将近一半开始于20世纪80年代"。此后，"中国才全面地同其他政府间国际组织建立网络"。❶ 二战以后，以联合国为中心的政府间国际组织奠定了世界秩序在和平、发展及人权领域的基本国际制度体系。国家主席习近平2021年9月21日在北京以视频方式出席第76届联合国大会一般性辩论并发表题为《坚定信心 共克时艰 共建更加美好的世界》的重要讲话，讲话中明确指出："世界只有一个体系，就是以联合国为核心的国际体系。只有一个秩序，就是以国际法为基础的国际秩序。只有一套规则，就是以联合国宪章宗旨和原则为

---

❶ 张蕴岭、任晶晶等：《中国对外关系：1978—2018》，北京：社会科学文献出版社，2020年版，第91—92页。

基础的国际关系基本准则。"❶ 面临百年未有之大变局，中国坚持始终不渝做世界和平的建设者、全球发展的贡献者、国际秩序的维护者，在以联合国为代表的政府间国际组织中承担大国责任，推动构建人类命运共同体。中国政府的行动和贡献当然是中国参与全球治理的主要方面，与此同时中国社会组织在提升国际化程度，积极参与全球治理方面也不断取得新进展。其中，联合国经社理事会授予一些国内社会组织咨商地位，使得这些社会组织能够直接在全世界面前发表自己的观点，直接与各国政府、政府间国际组织、非政府组织等进行对话，也使得国际制度与国家和非国家行为体在联合国框架下构成了一个密切互动的网络。社会组织能够获得联合国经社理事会咨商地位，很大程度上说明了一国的社会组织的国际化程度及其在全球治理中的活跃度和重要程度。中国目前有 89 个社会组织（包括港澳台地区）享有联合国经社理事会咨商地位，其中全面咨商地位 4 个，特别咨商地位 83 个，名册咨商地位 2 个，这意味着这些组织作为国内的社会组织，获得了国际制度承认的全球治理参与资格。

---

❶ 习近平：《坚定信心 共克时艰 共建更加美好的世界》，载《人民日报》，2021 年 9 月 22 日，第 2 版。

二、中国社会组织享有联合国经社理事会咨商地位数据分析 ❶

中国享有联合国经社理事会咨商地位的社会组织在地理分布、时间层面与功能领域分布上具有以下特点。

首先，在空间范围上，社会组织的地理分布展现了社会资源的空间集聚。中国享有咨商地位的社会组织呈现出了鲜明的主次差序的发展格局。在开放程度和经济水平较高且政治功能突出的地区，社会组织的国际化程度较高、规模也相对庞大。就发展现状来看，位于北京市与香港特别行政区的社会组织起步早，并且保持了相对稳定的活力。如图 1-1 所示，74.2% 的中国社会组织总部都集中在中国大陆，剩下四分之一集中在港澳台地区。北京市、其他重要省会城市和经济较为发达的一线城市是这些组织的首选城市。北京市和香港特别行政区是最集中的两个地区，分别为 57 家和 19 家，二者之和占总数的 85.4%。同时，进入 21 世纪以来，尤其是近十年间，这些社会组织的地理分布日趋多元，上海、西安、深圳、广州、三亚、海口都是在这个阶段出现了新增享有咨商地位的社会组织。放眼未来，社会组织的地理分布会更加多元分散。

---

❶ 此部分的数据包括 89 个社会组织中的 87 个，有 2 个社会组织（亚太家庭组织与和平家园基金会）因为无法确定功能领域未纳入数据分析。

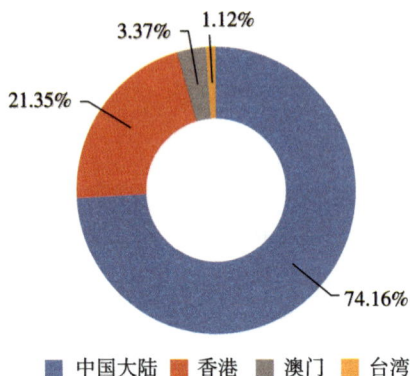

图1-1　中国享有联合国经社理事会咨商地位社会组织的地理分布

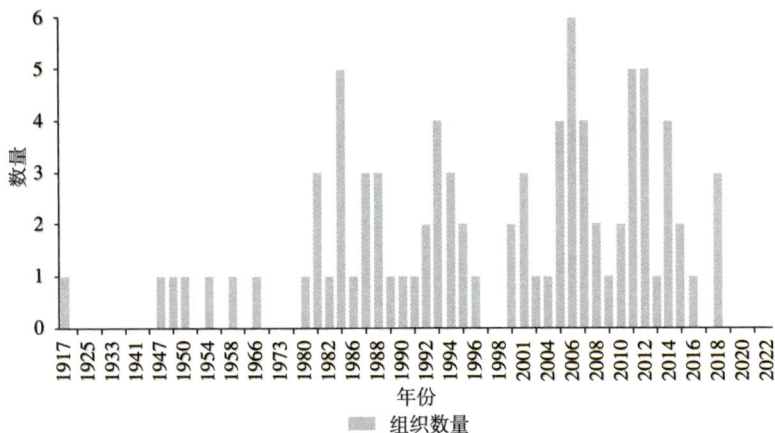

图1-2　中国新获得联合国经社理事会咨商地位社会组织的年份分布

其次，在时间层面上，一国社会组织获得联合国经社理事会咨商地位的时间能够说明该国国内和国际社会对其重视程度的变化。如图1-2所示，享有咨商地位的中国社会组织在1980年之后开始涌现，虽然每年具体数量存在波动，但近 40 年来整体呈现逐步增加的趋势。在高峰时期，我国一年新增的组织数量达 4—6 个。同时，中国社会组织获得认定所需的平均用时还能反映出其国际影响力的变化。在中国社会组织成立的高峰期和获得咨商地位的高峰期之间存在 20 年的滞后期，除 20 世纪 90 年代中期的短暂高峰，享有咨商地位的中国社会组织普遍出现于 21 世纪，上升热潮表明中国社会组织的发展正渐趋成熟，国内外认可度及需求度也稳步增加。2015—2022 年有 45 家中国社会组织获得咨商地位，几乎占到了总数的一半，仅 2021 年，就有 14 家社会组织获得了咨商地位，这也进一步说明了中国社会组织在国际化进程中的指数式增长与跨越式发展。

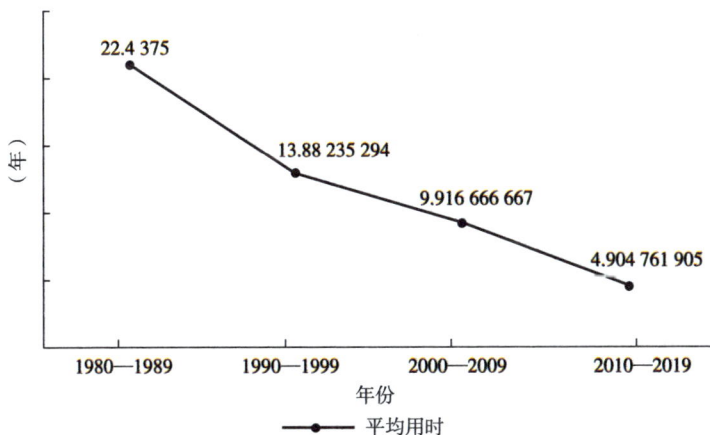

图1-3　中国社会组织获得联合国经社理事会咨商地位的平均用时

　　如图 1-3 所示，1980 年以来，中国社会组织从成立到获得咨商地位的平均时长不断递减；这一进程的加快反映了中国社会组织的成熟程度在逐渐提高。近年新成立的社会组织申请咨商地位的意识也有所增强，有的组织成立五年左右就成功获得了联合国经社理事会咨商地位。纵观所有组织的申请年份和批准年份，绝大多数组织都在申请当年或在下一年获得批准，这说明中国社会组织国际化程度日渐提升，对于联合国体系的评价指标愈发熟悉，被认可度整体上升。

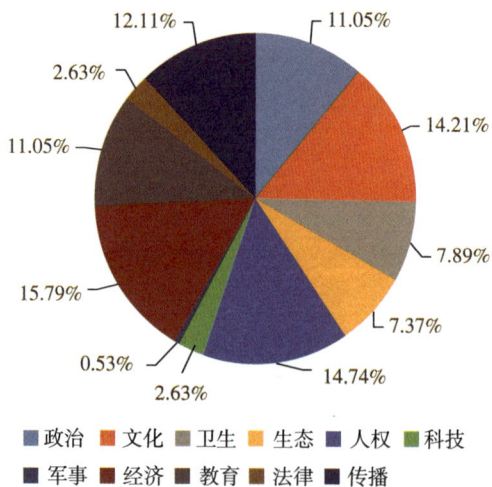

图1-4　中国享有联合国经社理事会咨商地位社会组织的综合功能领域分布

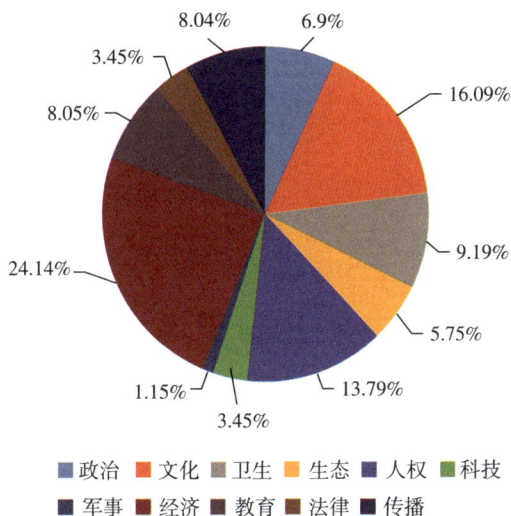

图1-5　中国享有联合国经社理事会咨商地位社会组织的首要功能领域分布

再次，中国社会组织在功能领域分布上也存在较为显著的特点。中国社会组织主要涉及经济、人权、传播、军事、卫生、政治、教育、文化、法律、生态、科技和其他等 12 个功能领域。图 1-4 展现了中国社会组织基于综合功能领域的分布情况，图 1-5 反映了首要功能领域（标签一 ❶）的分布情况。中国社会组织的发展呈三分态势：超过一半的组织将经济、文化和人权作为最主要的功能领域；其次是卫生、教育和传播类组织；再次是政治、生态、科技、法律类组

---

❶ 结合北京外国语大学"全球语言""全球文化""全球治理"的三大学科领域发展战略，对标国际组织的功能分类，北京外国语大学国际组织数据库研究团队将政府间国际组织分为12类：政治、经济、文化、军事、法律、人权、生态、传播、科技、卫生、教育和其他。在清理国际组织名单、搜集整理相关信息时研究团队为每一个国际组织标注功能领域的分类标签鉴于很多国际组织具有跨领域的功能属性，每个国际组织最多可以在上述 12 种分类中标注五个标签。其专业程度，由标签一至标签五递减。

织。由此可见，人权、文化和经济是我国社会组织最为领先、最受重视、需求最大，也最受国际认可的三个功能领域。由于不同类别的社会组织在运行和发展中通常是相互关联的，社会组织的发展也受到其自身逻辑的限制，例如，我国政治类的社会组织通常带有服务属性，且在所有类别中占比较小。另外，具有三个及以上标签的社会组织通常被认为是综合性社会组织，这类组织占总数的38.2%，说明在我国，享有联合国经社理事会咨商地位的社会组织仍然以专门组织为主，约占总数的60%。

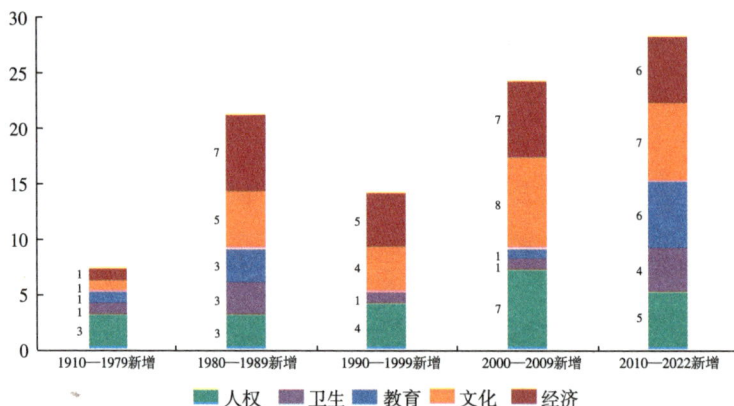

图1-6　中国新增联合国经社理事会咨商地位社会组织的功能领域分布
（按组织成立年份统计）

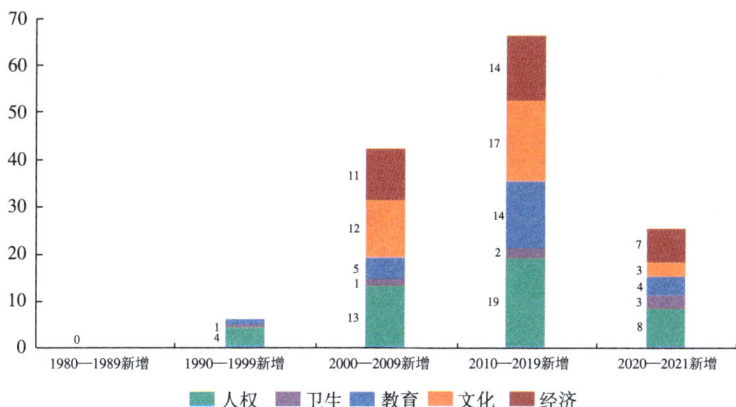

图1-7　中国享有联合国经社理事会咨商地位社会组织的功能领域分布
（按组织获得咨商地位年份的统计）

观察不同功能领域社会组织的发展轨迹，如图1-6和图1-7所示，可发现以下几个特点。第一，布局平衡。中国各门类社会组织的起步时间基本均是20世纪80年代，尽管发展速度存在区别，但几乎涵盖了所有领域。第二，重点突出。在发展初期，获得咨商地位的组织主要是人权、传播、经济、教育和文化类组织，这些突出方面奠定了中国社会组织发展的基本格局。第三，多元均衡。从20世纪90年代开始，随着中国社会各领域的发展，政治、生态和科技类组织快速增加；21世纪的第一个十年间，教育、文化类组织新增获得咨商地位的数量达到高峰；而近十年，新增获得咨商地位的社会组织以人权、经济类为主。由此可见，在不同的历史阶段，我国社会组织国际化发展各有侧重，既巩固维系着社会组织均衡协调的总体架构，又不断丰富着既有的发展格局。就近期增长趋势而言，经济类和人权类组织的数量增长和发展速度均较为突出，这主要是因为我国近年来对国家经济发展、教育兴国和人的基本生存权、发展权的重视程度不断提高，有利于赋能劳动力、提高生活水平、维系正当权益的社会组织更能适应社会需求；此类组织在未来一段时期内也将继续快速发展。

	人权	传播	军事	卫生	政治	教育	文化	法律	生态	科技	经济
台北	0	0	0	0	0	0	0	0	0	0	1
长沙	0	0	0	0	0	0	0	0	0	0	1
西安	0	0	0	0	1	0	0	0	0	0	0
海口	0	1	0	0	0	0	0	0	0	0	0
广州	0	0	0	0	0	0	1	0	0	0	1
上海	0	0	0	0	0	0	0	0	0	1	0
三亚	0	0	0	0	0	0	0	0	0	0	1
深圳	0	1	0	0	0	0	1	0	0	0	0
呼和浩特	0	0	0	0	0	0	1	0	0	0	0
南京	0	0	0	0	0	0	0	0	0	0	1
澳门	1	0	0	0	0	0	1	0	0	0	0
香港	5	0	0	2	0	0	3	1	1	0	6
北京	6	5	1	6	5	6	8	2	4	2	10

组织数量越多，颜色越深

图1-8　中国享有联合国经社理事会咨商地位社会组织的地理分布与功能领域分布

结合地理、时间和工作主题三个维度，不难发现，享有咨商地位的社会组织的发展路径是"先发展综合类组织，再倾向于专门化组织"，这显示出中国特色的发展道路与一般理解的"先专门、再综合"的历史道路有所区别。此外，如图1-8所示，基于标签一（首要功能）对所有组织的地理分布进行统计，可发现北京市是唯一具有全门类社会组织的城市。除北京这类超大规模城市，或是香港这类本身国际化程度很高的城市，其他城市的社会组织都只集中在特定领域发展，而在其他领域存在较大空白。同时，如图1-9所示，在联合国安理会五个常任理事国中，中国和俄罗斯享有咨商地位的社会组织数量明显较少，美国特别咨商组织和名册咨商组织的数量分别是我国的12.4倍和94倍。❶ 这也进一步提示我们应注重中国社会组织参与全球治理的意识提升、能力建设及效果评估，为下阶段中国参与全球治理的总体外交目标服务。

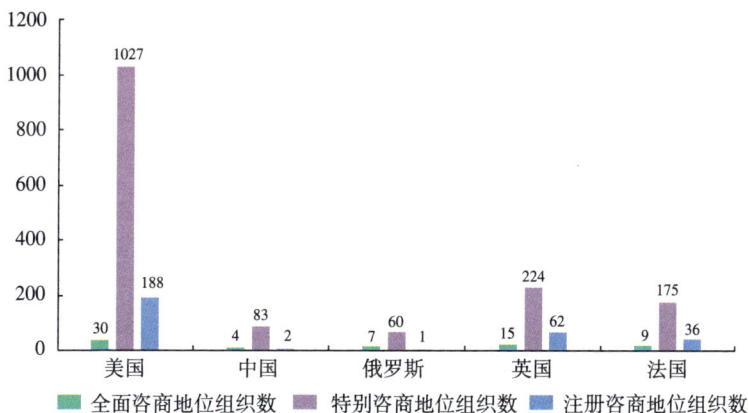

图1-9 联合国安理会常任理事国享有联合国经社理事会咨商地位社会组织的数量

---

❶ "Consultative Status with ECOSOC and Other Accreditations", https://esango.un.org/civilsociety/displayConsultativeStatusSearch.do?method=search&sessionCheck=false.

三、中国社会组织国际化过程中所面临的挑战及应对方案

在实地调研走访比较有代表性的中国社会组织的过程中，相关机构的负责人对中国社会组织国际化过程中所面临的挑战有如下的判断：第一，绝大多数社会组织仍面临资金匮乏的问题，这与中国社会组织在筹资方面缺乏经验有关。因为国际化程度较高的社会组织大多脱胎于体制内的政府机构，短期内较难适应自筹资金，且国内对于基金会的管理总体呈收紧管严的状态，多数社会组织仍然使用依靠个人情怀、私人关系的筹资方式，或依托于有影响力的网上平台（例如腾讯公益）进行委托项目制的管理，可持续发展及长期发展的根基仍然不稳。第二，国际化人才短缺。这与社会组织的营收状况有关，现阶段无论是在薪资待遇以及岗位编制等方面都无法与体制内的工作比拟，因此形成了人员流动频繁、需要重复上岗培训等问题，缺乏真正具有国际化视野的人才的稳定支持。第三，与联合国及其他相关国际组织的合作仍然不足，缺乏申请联合国经社理事会咨商地位的经验与主动性，已取得咨商地位的社会组织利用联合国及其他国际组织平台的实践较少，这也导致大多数组织无法将其核心业务与《联合国 2030 年可持续发展议程》目标主动联系起来，打造"全球通用""全球通达"的合作平台。第四，在新冠肺炎疫情影响下，中国社会组织"走出去"遇到较大阻碍。与政府

间国际组织依靠官方渠道召开会议、搭建交流平台不同，中国社会组织国际化的最主要工作模式是推动在目标国家当地的项目落地实施，以及与当地政府、非政府组织、社区进行直接互动与接触。新冠肺炎疫情发生以来，大部分社会组织的工作处于停滞状态，这进一步导致了人员与项目的流失，后继乏力。

针对以上问题与挑战，作者尝试提出相应的解决方案如下：

第一，多方面筹措资源，官民并举，内外同步。官方层面，如中联部、外交部、商务部、民政部、国家国际发展合作署等政府机构应加大对具有代表性、国际化程度较高、在国外产生积极影响的中国社会组织的扶持力度，推动长期项目的开展，进一步做好"民心相通"的工作。民间层面，进一步加大与网络平台及中国海外企业的合作，联合制定国际化战略，并积极开展宣传，让中国社会组织参与人类命运共同体建设的工作落地有声。

第二，应适当拓宽中国社会组织的募资渠道，在明确资金来源安全的前提下，适当引入国际资源，既能够借鉴国外非政府组织的管理经验与项目执行经验，积累成为享有联合国经社理事会咨商地位组织的经验，也能够更好地发挥中国社会组织国际"朋友圈"的积极作用。

第三，中国社会组织应积极尝试与高校、智库的联合研究与实践，搭建实践实验教学平台，通过学术研究与实践教学双向推动组织的专业化与国际化进程。

　　第四，对标中国社会组织的专业分类及长短期人才需求，推动与联合国志愿组织、中国志愿服务联合会、北京志愿服务联合会等不同层级的志愿机构的合作，加强海外志愿者的能力建设，建立全面的按领域分类的志愿服务人才库，有效解决人才匮乏问题。

中国社会组织与全球治理

孙吉胜

外交学院副院长

20 世纪 90 年代以来，在经济全球化不断深化的同时，全球性问题日益增多，全球治理成为国际政治中的重要议题。全球治理有其自身特点，需要国际组织、国家、个体等共同努力，社会组织也日益成为全球治理中的重要力量。近年来，气候变化、公共卫生、恐怖主义、网络安全、移民难民等全球性问题亟须各国携手应对，全球治理任务日益艰巨。党的十八大以来，中国践行中国特色大国外交，对全球治理高度重视，努力贡献中国埋念、中国智慧和中国方案。中国社会组织已经开启国际化进程，更多地参与到全球治理之中，今后将在提升自身能力、加强国际化等方面继续努力，为全球治理贡献力量。

一、全球性问题与全球治理

全球性问题涉及政治、经济、安全、社会、文化等多个领域，任何一个国家都难以单独应对，全球治理成为国际政治的重要领域。习近平主席在世界经济论坛"达沃斯议程"对话会上指出："21世纪的多边主义要守正出新、面向未来，既要坚持多边主义的核心价值和基本原则，也要立足世界格局变化，着眼应对全球性挑战需要，在广泛协商、凝聚共识基础上改革和完善全球治理体系。"[1]

全球治理有其自身特色，主要体现在公共性、多元性和协商性三个方面。首先，全球治理的问题具有公共性特点。全球治理的实质是解决全球公共产品的供给问题。[2] 治理问题具有跨国、多领域交叉出现，且发展水平各异的特点，涉及领域主要集中于安全、经济、环境、卫生、生物多样性、贫困、数字、知识产权等公共领域。其次，全球治理的参与主体呈现出多元性特点。除主权国家外，非国家行为体是参与全球治理的重要力量。鉴于全球治理问题的复杂性，单独一个国家或组织难以应对或解决。在面对重大危机、重大难题时，

[1] 孙吉胜：《改革和完善全球治理体系》，载《理论导报》，2021年第3期，第51页。
[2] 卢静：《当前全球治理困境与改革方向》，载《人民论坛》，2022年第2期，第46页。

没有一个国家能够独善其身。最后，全球治理模式具有协商性特点。在全球治理过程中，如何协调多方合作是解决问题的关键。多方参与不是一家独大，需要各国共同协商，多方合作、协商应对才是解决全球性问题的关键。

全球治理的主体一般分为三大类。一是各国政府或特定的政府部门；二是正式的国际组织和国际多边协调机制，如联合国、世界贸易组织等；三是非正式的全球民间社会组织。在实践中，这些行为体经常需要相互协同，共同发挥作用。

全球治理主要依赖规则，具体包括一般性原则、规则、规范、程序、标准等。当前的全球治理体系是基于二战后西方大国主导建立的霸权体系，主要遵循的是西方的治理理念、规则和规范。治理议程也大多由西方大国主导设置。❶ 近年来，全球治理体系不时面临治理失灵和治理失效的挑战，人类亟须破解治理赤字。正如习近平总书记于 2019 年在中法全球治理论坛上所强调的，"全球热点问题此起彼伏、持续不断，气候变化、网络安全、难民危机等非传统安全威胁持续蔓延，保护主义、单边主义抬头，全球治理体系和多边机制受到冲击。"全球治理规则、秩序和制度正在经历震荡期、改革期以及不确定期。正如有学者所强调的，"全球治理从霸

---

❶ 孙吉胜：《全球治理体系变革的中国贡献》，载《当代中国与世界》，2021 年第 4 期，第 47 页。

权秩序下的垂直模式走向扁平，不同国家和非国家行为体会承担或
共同承担问题领域治理的领导角色。"❶

二、社会组织与全球治理

社会组织是全球治理的重要力量，可以同国家以及国际组织相
互补充，在推动全球治理议程设置、全球治理规范传播，以及全球
治理行动落地等方面发挥重要作用。❷ 在参与全球治理的过程中，
社会组织与主权国家相比具有非政府性、灵活性和专业性等特点。
社会组织是全球治理的坚实新生力量。通过有效引导社会组织参与
全球治理，能够促进治理主体与途径的多元化发展，增进国家之间
的交流与合作，促进民心相通，提升全球治理的专业化水平，有效
实现治理目标。

社会组织参与全球治理的方式主要体现在直接参与和间接参
与两个方面。直接参与是指社会组织针对具体问题采取相关行动，
如直接投入资金与人员参与治理或通过发声、呼吁等形式引起民众
及政府对某些问题的重视。间接参与主要指社会组织通过前期大
量的调研或其他基础工作形成报告或其他形式文件对相关问题提

❶ 秦亚青：《全球治理趋向扁平》，载《国际问题研究》，2021 年第 5 期，第 56 页。
❷ 李昕蕾：《治理嵌构视域下中国社会组织参与全球气候治理的困境与应对策略》，载《复旦国际
关系评论》，2021 年第 2 期，第 233 页。

出建议，并递交给相关机构以期影响政策制定。在实现路径及具体参与形式上，社会组织主要是通过与其他国际组织合作开展活动的形式参与全球治理。其中，国际组织既包括具有综合性质的联合国，也包括具有专门性质的其他非政府组织。社会组织开展的活动主要包括参与或举办专业会议、签署合作项目、进行直接或间接的对外援助、推动国内外标准与产业对接、实施具体项目、搭建合作平台、信息共享、建设专家库，以及参与人才联合培养等。

当前社会组织参与全球治理仍面临诸多问题和挑战，如参与制度仍需进一步完善和健全、相关规则制定有所缺失、民众认知参差不齐、专门人员培养力度不足，以及运转资金紧缺等问题。

三、中国对全球治理的重视与参与

党的十八大以来，中国全面推进中国特色大国外交，对全球治理高度重视，以公平正义理念引领全球治理体系改革，推动其向更加公正合理的方向发展。中国明确提出共商共建共享的全球治理观，努力提升中国的全球治理话语权，以实际行动参与和引领全球治理。

首先，中国对全球治理高度重视。党的十八大以来，中国日益强调大国责任、大国担当，日益重视全球治理。2015年到2016年，中共中央政治局两次就全球治理进行集体学习。习近平总书记在主持学习时强调，随着国际力量对比消长变化和全球性挑战日益增多，加强全球治理、推动全球治理体系变革是大势所趋；中国参与全球治理的根本目的，就是服从服务于实现"两个一百年"奋斗目标、实现中华民族伟大复兴的中国梦……统筹国内国际两个大局，推动全球治理体制向着更加公正合理方向发展，为中国发展和世界和平创造更加有利的条件。❶ 此外，全球治理被写入党和政府重要文件之中。党的十八大报告与十九大报告均明确强调中国致力于参与全球治理体系改革和建设。❷ 在近年来政府工作报告的外交领域，全球治理成为关键词之一，体现了应对全球性问题和挑战的中国担当。❸ 在指引未来五年乃至更长时期中国经济社会发展方向的纲领性文件《中华人民共和国国民经济和社会发展第十四个五年规划和2035年远景目标纲要》中，有一章专门聚焦积极参与全球治理体系改革和建设，体现出全球治理在实行高水平对外开放、开拓合作

❶《习近平在中共中央政治局第二十七次集体学习时强调 推动全球治理体制更加公正更加合理 为我国发展和世界和平创造有利条件》，新华社北京2015年10月13日电；《习近平在中共中央政治局第三十五次集体学习时强调 加强合作推动全球治理体系变革 共同促进人类和平与发展崇高事业》，新华社北京2016年9月28日电。

❷《胡锦涛在中国共产党第十八次全国代表大会上的报告》，新华社北京2012年11月17日电；习近平：《决胜全面建成小康社会 夺取新时代中国特色社会主义伟大胜利——在中国共产党第十九次全国代表大会上的报告（2017年10月18日）》，载《人民日报》，2017年10月28日，第1版。

❸ 李克强：《政府工作报告——2022年3月5日在第十三届全国人民代表大会第五次会议上》，新华社北京2022年3月12日电；李克强：《政府工作报告——2021年3月5日在第十三届全国人民代表大会第四次会议上》，http://www.xinhuanet.com/politics/2021lh/2021-03/12/c_1127205339.htm。

共赢新局面过程中发挥关键作用。❶

其次，中国不断提出全球治理新理念、新倡议和新主张。中国提出了构建人类命运共同体的目标，成为中国全球治理价值、目标以及路径的指导理念。党的十八大以来，习近平总书记在诸多重要国际场合阐述并强调该理念，提出构建人类卫生健康共同体、全球发展命运共同体、人与自然生命共同体、地球生命共同体、网络空间命运共同体、核安全命运共同体、海洋命运共同体。人类命运共同体理念蕴涵独特的中国思想传统，强调平等与共同治理、关联治理、过程治理和发展治理。❷ 新冠肺炎疫情的暴发彰显了人类命运共同体理念的深刻内涵和时代意义，也为"后疫情时代"的全球治理指明了方向。❸ 中国还明确提出"共商共建共享"的全球治理观，强调大家的事由大家商量着办，合作应对全球挑战，不断推进全球治理规则民主化。中国提出"一带一路"倡议，为国际合作理论发展与创新提供了新元素，超越了西方理论视域下简单的制度合作、同质性合作和利益合作。❹ "一带一路"倡议作为中国提供的公共产品，有效填补了当前全球治理赤字。2021年9月，中国提出全球发

❶《中华人民共和国国民经济和社会发展第十四个五年规划和 2035 年远景目标纲要》，http://www.xinhuanet.com/2021-03/13/c_1127205564.htm。

❷ 孙吉胜：《"人类命运共同体"视阈下的全球治理：理念与实践创新》，载《中国社会科学评价》，2019年第 3 期，第 130 页。

❸ 孙吉胜：《新冠肺炎疫情与全球治理变革》，载《世界经济与政治》，2020年第 5 期，第 95 页。

❹ 孙吉胜：《"一带一路"与国际合作理论创新：文化、理念与实践 》，载《国际问题研究》，2020年第 3 期，第 1 页。

展倡议 ❶，将发展作为中国推动全球治理的重要途径。2022 年 4 月，中国提出全球安全倡议，倡导坚持共同、综合、合作、可持续的安全观，强调安全和发展之间的密切联系，呼吁各国共同维护世界和平安宁、应对全球治理挑战。❷ 鉴于各国面临促进数字和实体经济融合发展、加速新旧发展动能转换、打造新产业和新业态的共同任务，中国提出《全球数据安全倡议》。中国在参与全球治理中使用了许多形象且具有感召力的话语。2017 年达沃斯论坛上习近平总书记将贸易保护主义比喻为"黑屋子"；2018 年中国首届进口博览会的主旨演讲中习近平总书记指出"中国经济是一片大海"；博鳌亚洲论坛 2022 年年会开幕式主旨演讲中习近平总书记指出"世界各国乘坐在一条命运与共的大船上"，均传达出中国在全球经济、安全治理中坚持开放、包容、协作、担当的决心和信号。

再次，中国以实际行动参与全球治理。中国以身作则，提高治理成效，体现大国担当。在安全领域，中国积极倡导以和平方式解决政治争端，派出五万多人次参加联合国维和行动，已成为联合国第二大会费国、第二大维和摊款国。在应对贫困方面，中国带头落实联合国 2030 年可持续发展议程，对世界减贫贡献超过 70%。在

---

❶《习近平出席第七十六届联合国大会一般性辩论并发表重要讲话 提出全球发展倡议，强调携手应对全球性威胁和挑战，推动构建人类命运共同体》，新华社北京 2021 年 9 月 21 日电。

❷《习近平在博鳌亚洲论坛 2022 年年会开幕式上发表主旨演讲 提出全球安全倡议 强调人类是休戚与共的命运共同体 各国要坚定信心 同心合力 和衷共济 合作开创未来》，新华社北京 2022 年 4 月 21 日电。

气候变化领域，中国为推动达成《巴黎协定》作出了重要贡献，并积极落实《巴黎协定》。中国可再生能源开发利用取得明显成效，水电、风电、光伏发电累计装机规模及可再生能源投资均居世界首位。2020 年 9 月，中国在联合国大会上宣布，将提高国家自主贡献力度，采取更加有力的政策和措施，力争 2030 年前二氧化碳排放达到峰值，努力争取 2060 年前实现碳中和。在 2020 年 12 月的气候雄心峰会上，中国再次宣布，到 2030 年，中国单位国内生产总值二氧化碳排放将比 2005 年下降 65% 以上，非化石能源占一次能源消费比重将达到 25% 左右。在公共卫生领域，中国率先控制住疫情，积极同世界分享防控经验，向各国输送大批抗疫物资、疫苗药品，深入开展病毒溯源科学合作，率先复工复产，率先恢复经济增长。中国实施了新中国成立以来规模最大的全球人道主义行动，践行"中国疫苗作为全球公共产品"的郑重承诺，为人类彻底战胜疫情而积极努力。自 2021 年起，中国将在未来三年内再提供 30 亿美元国际援助，用于支持发展中国家抗疫和恢复经济社会发展。❶在生物多样性保护方面，中国宣布将率先出资 15 亿元人民币，成立昆明生物多样性基金，支持发展中国家生物多样性保护事业。❷总之，中国主动作为、积极履约，为全球治理诸多领域贡献出中国

---

❶《习近平出席全球健康峰会并发表重要讲话》，新华社北京 2022 年 5 月 21 日电。

❷ 孙吉胜：《全球治理体系变革的中国贡献》，载《当代中国与世界》，2021 年第 4 期，第 55—56 页。

力量。

四、中国社会组织参与全球治理

　　社会组织一直是全球治理的重要行为体，经过多年的发展，中国社会组织已经开启国际化进程，更多地参与到全球治理之中。2016 年，中共中央办公厅、国务院办公厅印发了《关于改革社会组织管理制度促进社会组织健康有序发展的意见》，明确肯定社会组织在创新社会治理、扩大对外交往中的作用。❶ 在中国日益重视全球治理的背景下，中国社会组织参与全球治理具有重要意义，也是中国参与和引领全球治理的重要组成部分。

　　中国社会组织参与全球治理意义重大，主要体现在两个层面。一是从全球层面看，全球治理面对的问题本身具有多元性、公共性、专业性与联结性等特征，需要各类社会组织充分发挥各自优势，以弥补国家行为体治理不足或缺失之处。只有整合更多参与者贡献力量，才可以更好地填补当前治理赤字、扭转治理失灵，推进治理体系变革，实现真正的全球治理，共同保护人类的生命安全和发展繁荣。二是从国家层面看，中国社会组织参与全球治理能够扩大对外

---

❶《中共中央办公厅 国务院办公厅印发〈关于改革社会组织管理制度促进社会组织健康有序发展的意见〉》，http://www.gov.cn/gongbao/content/2016/content_5106178.htm。

交往，推动公共外交，在民心相通方面发挥建设性作用。同时，有助于塑造良好的国家形象，提升中国全球治理话语权和行动感召力，为中国营造良好的外部环境。

中国社会组织在全球治理的诸多领域已开始发挥显著作用。在全球灾害救援与治理领域，越来越多中国社会组织开始积极响应，如在尼泊尔、厄瓜多尔、海地等国发生地震灾难时，中国扶贫基金会、爱德基金会等社会组织几乎是零时差启动应急响应机制。[1] 2022 年 1 月 15 日，汤加海域火山爆发并引起海啸，中国红十字会紧急提供 50 万美元现金援助，后又援助 260 套净水设备。[2] 在全球贫困治理领域，中国社会组织不仅为国内减贫事业作出贡献，在非洲等欠发达地区同样开展有效实践。其中，中国扶贫基金会和爱德基金会已经在非洲成立办公机构，迈出了中国社会组织对非援助的实质性一步。[3] 在全球难民治理领域，2019 年 3 月，联合国难民署驻华办事处与爱德基金会在北京签署合作备忘录，共同致力于促进难民及流离失所者权益保障工作，同时，双方共同启动专门项目为难民中的妇女和儿童群体提供援助。[4] 在全球气候治理领域，中

[1] 辛传海等:《中国社会组织参与"一带一路"建设的角色定位与实现路径》,载《学会》,2018 年第 10 期,第 34 页。

[2]《中国红十字会向汤加提供人道主义援助》, https://www.redcross.org.cn/html/2022-02/83937.html。

[3] 昝瑞语:《改革开放以来中国社会组织对非洲的援助研究》,吉林大学 2020 年博士学位论文,第 42 页。

[4]《联合国难民署与爱德基金会签署合作备忘录》, https://www.unhcr.org/cn/13069- 联合国难民署与爱德基金会签署合作备忘录 .html。

国社会组织的国际化程度不断提升，如中国民间气候变化行动网络（CCAN）与国际气候变化行动网络开展交流合作；再如全球环境研究所（GEI）、中科院广州能源研究所与缅甸教育部研究创新司于2017年签署了关于推动缅甸可再生能源规划的合作协议。[1] 在全球卫生治理领域，为应对全球新冠肺炎疫情，中国民间组织国际交流促进会倡议发起"丝路一家亲"民间抗疫共同行动，整合社会组织等民间资源，形成抗疫强大合力，推动60多家社会组织、企业和民间机构在60多个国家实施100多个国际抗疫合作项目，举行线上经验交流活动200余场，募集捐赠物资价值总额近2亿元人民币。[2] 2022年4月，中促会主办"金砖国家民间组织加强公共卫生合作，团结抗击疫情"研讨会，来自中国、俄罗斯、巴西等金砖国家的民间组织代表，围绕加强国际抗疫合作进行线上交流。[3] 随着"一带一路"倡议深入落实发展，中国社会组织依托"一带一路"提供的平台与机遇积极"走出去"，更好地参与全球治理。自中促会在2019年第二届"一带一路"国际合作高峰论坛民心相通分论坛上发起"丝路一家亲"行动以来，截至2021年5月，"丝路一家亲"

---

[1] 李昕蕾：《治理嵌构视域下中国社会组织参与全球气候治理的困境与应对策略》，载《复旦国际关系评论》，2021年第2期，第241—242页。

[2] 郑超：《和衷共济 同御灾难——我国社会组织参与全球抗疫纪实》，http://www.mca.gov.cn/article/xw/mtbd/202007/202007000 28805.shtml。

[3] 《金砖国家民间社会组织线上开展"公共卫生合作，团结抗击疫情"研讨会》，https://hb.chinadaily.com.cn/a/202204/23/WS6263de66a3101c3ee7ad2043.html。

行动推动"一带一路"沿线中外民间组织建立近 600 对合作伙伴关系，在沿线发展中国家开展 300 余个民生合作项目，涉及卫生、教育、科技、文化、社区发展等多个领域。❶

五、结语

党的十八大以来，中国日益成为全球治理的重要力量，以自身理念、倡议、政策和行动为全球治理贡献力量，以公平正义为价值引领，积极参与和引领全球治理，推动全球治理体系向更加公正合理的方向发展。中国社会组织也开始不断参与到全球治理进程中。尽管中国社会组织近年来有了较大发展，但是与发达国家的一些非政府组织相比还有较大提升空间，如在加强顶层设计、提升自身能力、扩大社会支持与认同、积累国际经验、深化国际合作等方面。未来中国社会组织可以在以上几个方面继续努力，更好地参与全球治理，为中国进一步提升全球治理话语权，更好地在全球治理过程中体现中国力量发挥其应有作用。

❶ 龚鸣等：《过上好日子，丝路一家亲（命运与共）》，载《人民日报》，2021 年 5 月 30 日，第 3 版。

第二篇

社会组织国际交流合作的实践与案例

守正创新、开拓进取的一年

——2021年中国社会组织国际交流合作概述

2021 年是党和国家历史上具有里程碑意义的一年。面对百年变局和世纪疫情交织叠加带来的严峻挑战，以习近平同志为核心的党中央团结带领亿万人民踔厉奋发、勇毅前行，隆重庆祝中国共产党成立 100 周年，如期打赢脱贫攻坚战，全面建成小康社会、实现第一个百年奋斗目标，开启全面建设社会主义现代化国家、向第二个百年奋斗目标进军新征程，党和国家各项事业发展取得新的重大成就。

一年来，我国社会组织坚持以习近平新时代中国特色社会主义思想为指导，认真贯彻落实习近平总书记关于社会组织国际交流合作的重要论述精神和党中央决策部署，坚持守正创新、担当作为，广泛深入开展国际交流合作。我国社会组织国际交流合作事业站在了新的历史起点上。

　　服务元首外交成效显著。一年来，我国社会组织围绕习近平总书记出席二十国集团领导人峰会、金砖国家领导人会晤、上海合作组织峰会、《生物多样性公约》第十五次缔约方大会领导人峰会、中非合作论坛第八届部长级会议开幕式等重大外交议程，广泛开展民间配套活动，积极参加二十国集团民间社会会议、金砖国家民间社会组织论坛、上海合作组织民间友好论坛等多边民间活动，向国际民间社会深入宣介习近平新时代中国特色社会主义思想，加强对国际民间社会的政治引领，着力为习近平总书记出席有关重大活动营造良好外部环境和舆论氛围。2021 年 11 月，第六届中非民间论坛在北京成功举办，习近平总书记向论坛致贺信，多国领导人以视频或书面方式向论坛致贺。论坛面向 30 多个非洲国家的参会代表宣介党的百年成就和十九届六中全会精神，并发布了未来三年"丝路一家亲"中非民间友好伙伴计划，为服务元首外交作出积极贡献。

　　配合重大议程特色突出。2021 年，我国国内议程中大事多、盛事多、喜事多。我国社会组织发挥广交朋友、善交朋友的优势，主动配合国内重大政治议程，对外讲好中国共产党的故事和中国故事。中国共产党成立 100 周年是具有重大历史意义、重要世界影响的大事，受到国际社会高度关注。在中国共产党成立 100 周年之际，以中国民间组织国际交流促进会为代表的我国社会组织邀请 500 余位外国民间代表线上出席中国共产党与世界政党领导人峰会，营造了国际民间社会共襄盛举的良好氛围。众多国外非政府组织负责人和友好人士通过我国社会组织向中国共产党百年华诞发来贺电（函），热情赞誉习近平总书记作为世界级领导人的情怀与担当，高度评价中国共产党建党百年所取得的伟大成就，纷纷表达同我国社会组织加强交流合作的强烈愿望。

参与全球治理稳妥有序。2021 年，我国（包括港澳台地区）14家社会组织获得联合国经社理事会特别咨商地位。全年共 70 余家社会组织参与联合国人权理事会第 46、47、48 届会议，提交视频发言、书面发言 100 余次，举办近 30 场视频边会。社会组织还广泛参与联合国人权理事会第 14 届少数群体问题论坛、联合国人权理事会第三届"人权、民主与法治论坛"、第十届联合国工商业与人权论坛等联合国系统重要活动，积极宣介我国经济社会发展和人权事业取得的历史性成就。2021 年二十国集团民间社会会议（C20）期间，国内近 40 名专家参与 C20 组委会七个工作组，对会议公报提出专业性修改意见。社会组织围绕参与全球治理举办多场能力建设培训班，着力提升参与全球治理的规则制定能力、议程设置能力、舆论宣传能力、统筹协调能力。

推进民心相通扎实深入。一年来，我国社会组织围绕夯实共建"一带一路"的社会根基，通过全面推进"丝路一家亲"行动、广泛开展"小而美"民生项目、深入开展人文交流、加强丝绸之路沿线民间组织合作网络建设等方式，广泛开展多领域、多渠道、多层次国际交流合作，深入宣介"一带一路"倡议和构建人类命运共同体理念，着力增进共建国家民众的获得感、幸福感、安全感，服务高质量共建"一带一路"的能力和影响力大幅提升。中国和平发展基金会有序推进"中柬友好扶贫示范村"项目，援建两座教学楼并移交柬方，有力改善了当地民生。"健康爱心包"项目已在十多个国家落地，成为推进民心相通的靓丽名片。

开展抗疫合作灵活有效。新冠肺炎疫情暴发以来，我国社会组织配合政府积极开展抗疫国际合作，对外捐赠大批医疗物资，通过设立国际抗疫专项基金、搭建在线医疗平台、开展跨国志愿服务、编写新冠肺炎防治手册等，向有需要的国家民众提供力所能及的帮助，积极助力打造"健康丝绸之路"，推动构建人类卫生健康共同体。社会组织主动加强与企业、医疗机构等合作，对外交往协同能力明显增强，进一步实现公益慈善资源的合理有效配置。在项目操作过程中，我国社会组织在物资筹集和通关、项目落地、后期跟踪等方面的能力得到全方位锻炼和提升。社会组织灵活多样的抗疫方式、积极有效的抗疫举措，进一步拉近了我与受援国民众的距离，有力提升了我国际形象。

打造特色品牌亮点纷呈。一年来，我国社会组织更加注重协调配合、凝聚合力，加强信息、渠道和资源共享，对外交往的规模和品牌效应充分体现。以中促会等枢纽组织为代表的一批示范组织，以丝绸之路沿线民间组织合作网络为代表的一批示范平台，以扶贫减贫、公益慈善为重点的一批示范项目表现亮眼。习近平总书记在上合组织成员国元首理事会第 21 次会议上亲自阐释"丝路一家亲"行动，为"丝路一家亲"行动的未来发展指明方向。"丝路一家亲"行动被写入《新时代的中非合作》白皮书和《中非合作论坛——达喀尔行动计划》。"国际爱心包裹"项目被评为"第二届全球减贫案例征集活动"最佳减贫案例。

完善机制保障多措并举。2021 年 8 月，国家国际发展合作署、外交部、商务部出台《对外援助管理办法》，明确规定"使用南南合作援助基金，支持国际组织、社会组织、智库等实施的项目"，标志着社会组织正式被纳入中国对外援助体系。南南合作援助基金❶支持社会组织试点项目顺利立项审批，迈出了标志性的一步。9 月，民政部印发《"十四五"社会组织发展规划》，明确提出稳妥实施社会组织"走出去"，有序开展境外合作，增强我国社会组织参与全球治理能力，提高中华文化影响力和中国"软实力"。12 月，国家国际发展合作署正式启用对外援助统计数据直报平台，首次实现了对民间援助数据的定期收集和梳理汇总。

---

❶ 2022 年 6 月 24 日，南南合作援助基金升级为"全球发展和南南合作基金"。

　　我国社会组织国际交流合作的深入开展，有力服务了党和国家中心任务，为新时代中国特色大国外交作出了积极贡献。同时要看到，我国社会组织国际交流合作仍处于发展的初级阶段，一些长期性挑战仍较为突出。一是社会组织国际交流合作的形式总体单一。我国社会组织开展国际交流合作以参加国际会议、开展对话交流、对外捐赠物资等形式为主，虽与新冠肺炎疫情的全球蔓延有关，但同长期以来我国社会组织囿于国内活动惯例、缺乏对外开拓创新更为相关。二是社会组织资源整合和协同能力有待提升。部分社会组织缺乏"劲往一处使"的思想自觉和行动自觉，大局意识和系统观念有待进一步加强。有些社会组织之间缺乏必要沟通和资源整合，资源的重复浪费时有发生。三是各领域社会组织国际化发展不平衡。减贫救灾、教育文化、环境保护、科技交流等领域示范性社会组织表现突出，带动本领域社会组织开展国际交流合作成效较为明显，但有些领域部分社会组织缺乏国际化发展的内生动力、合理路径和方向引领，国际交流合作仍处于初期探索阶段。四是社会组织自身能力建设有待加强。社会组织对人才特别是国际化人才的吸引力不强，从业人员中拥有较宽国际视野和较高国际交往能力的人员比例不高。目前除少数社会组织在海外设有办事处外，大部分社会组织尚无能力扎根国外社区开展持续性民生项目。

　　展望未来，我国社会组织要始终坚持以习近平新时代中国特色社会主义思想为指导，深刻领悟"两个确定"的决定性意义，进一步增强"四个意识"，坚定"四个自信"，做到"两个维护"，始终牢记"国之大者"，充分发挥民间外交特色优势，广交国际朋友，厚植人民友谊，积极促进各国人民相知相亲，为推动构建新型国际关系，推动构建人类命运共同体贡献力量。

（中国民间组织国际交流促进会秘书处　王志云）

服务元首外交

2021 年是中国共产党成立 100 周年，是党和国家历史上具有里程碑意义的一年。2021 年，习近平总书记密集高效开展元首外交，同外国领导人和国际组织负责人通话 79 次，信函往来上百封，以视频方式出席重大外事活动 40 起。元首外交领航定向，民间外交阔步向前。中国社会组织始终以习近平新时代中国特色社会主义思想和习近平外交思想为指导，胸怀"国之大者"，踔厉奋进、实干笃行，主动作为打出民间外交"组合拳"，为习近平总书记各项重大外交议程的顺利开展营造了良好民间氛围。

持续深入宣介习近平新时代中国特色社会主义思想。一是围绕建党百年开展形式多样、内容丰富的民间庆祝活动，重点宣介中国共产党百年奋斗重大成就和历史经验，特别是在以习近平同志为核心的党中央坚强领导下，中国消除绝对贫困、全面建成小康社会的重要成就。二是在联合国系统活动中主动宣介以人民为中心的发展思想和全过程人民民主理念，广泛参与联合国人权理事会会议、少数群体问题论坛和工商业与人权论坛等联合国系统活动。三是推进《习近平谈治国理政》《之江新语》等重要著作全球推介，通过流媒体和可视化"有声书"等多种民间宣传平台，彰显习近平总书记胸怀天下的人民情怀和关心人类命运前途的大国领袖担当。

直接服务习近平总书记重大外交议程。2021年7月6日，习近平总书记出席中国共产党与世界政党领导人峰会。国内社会组织邀请500余位国外非政府组织负责人在线参加此次峰会，设立七个国外集体会场，推动与会组织参与发布《中国共产党与世界政党领导人峰会共同倡议》，重申弘扬全人类共同价值，致力于共同发展，促进文明交流互鉴，完善全球治理规则。国际民间社会对习近平总书记重要讲话反响热烈，坚信习近平总书记必将带领中国共产党为世界和平与人类进步作出更大贡献。

紧密围绕习近平总书记重大外交议程举办和参与民间配套活动。积极举办和参与第六届中非民间论坛、联合国《生物多样性公约》第十五次缔约方大会非政府组织平行论坛、二十国集团民间社会会议、二十国集团青年会议、二十国集团智库会议、上合组织妇女教育与减贫论坛、上合组织民间友好论坛、金砖国家民间社会组织论坛、亚欧人民论坛、中国国际服务贸易交易会高峰论坛等，社会组织代表和专家学者踊跃参与交流研讨并发声，向国际民间社会宣介中国抗击疫情、加强环境保护、减贫脱贫、可持续发展、构建新发展格局等方面的理念主张和做法经验。

贯彻落实习近平总书记系列重要讲话精神。一是实施专项行动。中国民间组织国际交流促进会贯彻落实习近平总书记在上合组织成员国元首理事会第 21 次会议上的重要讲话精神，推动国内社会组织积极在上合组织国家开展"丝路一家亲"行动，加强民生合作，改善当地民生福祉。二是开展重点项目。为落实习近平总书记与摩纳哥亲王阿尔贝二世达成的重要共识，中华环保基金会与摩纳哥亲王阿尔贝二世基金会联合开展太湖蓝藻水华野外观测站建设项目，持续推进太湖水环境改善。三是加强抗疫国际合作。以习近平总书记关于加强抗疫国际合作重要讲话精神为指引，中华慈善总会、丝绸之路沿线民间组织合作网络等向外方合作伙伴捐赠"健康爱心包"，有效帮助国外民众抗疫。

2021 年，社会组织围绕服务元首外交积极开展活动呈现以下特点：

坚持以习近平新时代中国特色社会主义思想特别是习近平外交思想为根本遵循。国内社会组织认真学习习近平新时代中国特色社会主义思想和习近平外交思想，贯彻落实习近平总书记系列讲话精神，不断提升政治站位。在国际交流合作中秉持人类命运共同体理念，坚持以人民为中心，坚决维护国家利益，发挥民间优势和主观能动性，多领域、多渠道、多层次开展民间对外友好工作，推动跨国界、跨时空、跨文明的交流互鉴活动，为增进人民友谊深耕细作，为推动国际合作穿针引线，以务实行动促进民心相通。

坚持创新发展，拓展服务国家总体外交新空间。社会组织创新活动理念，充分发挥枢纽型社会组织作用，推动中外民间组织、智库、院校等通过举办平行分论坛方式机制化、系统化规划配套民间活动。积极探索利用新媒体和社交媒体平台等加强国际传播能力建设，启用网络直播、在线互动、线上研讨会等多种方式，传播接地气、暖人心的中国故事。汇聚专业领域社会组织力量，组团出海，在国际舞台集体发声，引导国际民间社会形成于我有利的舆论氛围，为促进国家关系铺路架桥。

坚持惠及民生，着力营造良好的国际交流合作氛围。围绕习近平总书记向国际社会发表的重大倡议和发出的庄严承诺，国内社会组织扎实推进民心相通工程，开展内容丰富、形式多样、深入基层的民间交流和民生合作项目。深化医疗卫生、妇女发展、气候变化、减贫救灾等领域国际民间合作，重点开展抗疫民间外交，激发中外民众"守望相助共同战疫"的共情共鸣，不断增加民众利益汇合点，提升沿线国家人民的获得感和满意度，扩大知华友华的民意基础。

一、中华环境保护基金会等合作承办联合国《生物多样性公约》第十五次缔约方大会非政府组织平行论坛

2021年10月12日，习近平主席以视频方式出席在昆明举行的《生物多样性公约》第十五次缔约方大会领导人峰会并发表主旨讲话，系统阐述生物多样性保护的中国主张，为人类高质量发展提供中国方案。

为服务习近平总书记重大外交议程，向国际社会发出中国民间各界关于保护生物多样性、共建人与自然生命共同体的主张，呼吁大会和各利益相关方重视民间声音和民间方案，为大会在中国召开营造良好氛围，联合国《生物多样性公约》秘书处、中国生态环境部和中促会于2021年9月27—28日在昆明联合举办了《生物多样

▼2021年9月27—28日，联合国《生物多样性公约》第十五次缔约方大会非政府组织平行论坛在昆明举行

性公约》第十五次缔约方大会非政府组织平行论坛。中华环境保护基金会牵头组织桃花源生态保护基金会、北京市企业家环保基金会、永续全球环境研究所、中华环保联合会、克莱恩斯欧洲环保协会等机构承办论坛活动。

非政府组织平行论坛是《生物多样性公约》第十五次缔约方大会的八个平行论坛之一，来自五大洲 30 余个国家的 400 余名政府、非政府组织、企业和地方社区等代表通过现场出席和线上参会等形式，围绕《2020 年后全球生物多样性框架》谈判、非国家主体自主贡献等议题进行交流研讨。生态环境部部长黄润秋、《生物多样性公约》秘书处执行秘书伊丽莎白·穆雷玛、中共中央对外联络部副部长陈洲在开幕式上致辞。

非政府组织平行论坛先后召开了"基于自然的气候变化解决方案——中国 – 东盟红树林生态廊道建设""环保民间组织助力生物多样性主流化""全球生物多样性 100+ 案例发布及研讨""生物多样性嘉年华之夜""基金会助力生物多样性保护""非国家主体自主贡献与 2020 后生物多样性保护目标""非国家主体自主贡献倡议签约活动"七场主题活动。各利益相关方就生物多样性保护领域的热点问题进行热烈讨论，形成了"中国 – 东盟红树林保护倡议""环保民间组织助力生物多样性主流化行动共识""迈向昆明：我为自然承诺"三个行动倡议。世界各地的环境公益组织、青年群体、妇女群体、地方社区、媒体等近 300 名非国家主体代表参与了自主贡献倡议签约活动（线上观看签约活动的人数达 4.6 万人）。非政府组织平行论坛的成功举办将有力支持"2020 年后全球生物多样性框架"的实施，向全球展示了非国家主体利益相关方生物多样性保护的决心。

非政府组织平行论坛得到了包括联合国《生物多样性公约》官方推特、新华社、中国新闻社、中国日报、中国环境报、雅虎、每日新闻等国内外近 200 家机构和媒体的广泛报道。《生物多样性公约》秘书处官方优兔、新浪公益微博等直播渠道两日观看量超过 50 万。

二、中华全国妇女联合会等举办上海合作组织妇女教育与减贫论坛

2021 年 9 月 17 日，习近平主席在北京以视频方式出席上海合作组织成员国元首理事会第二十一次会议并发表题为《不忘初心 砥砺前行 开启上海合作组织发展新征程》的重要讲话。

为展示在中国共产党领导下中国妇女事业取得的巨大发展与辉煌成就，推动上海合作组织国家妇女交流互鉴、务实合作，为上海合作组织成员国元首理事会第 21 次会议召开营造良好氛围，中华全国妇女联合会（以下简称"全国妇联"）与上海合作组织睦邻友好

▲ 2021年7月20日，上海合作组织妇女教育与减贫论坛在北京举行

合作委员会、上海合作组织秘书处合作，于2021年7月20日在北京共同举办上海合作组织妇女教育与减贫论坛。论坛得到习近平总书记和党中央的高度重视。国家主席习近平夫人、联合国教科文组织促进女童和妇女教育特使彭丽媛应邀发表视频致辞。全国人大常委会副委员长、全国妇联主席、上海合作组织睦邻友好合作委员会主席沈跃跃出席论坛并致辞。全国妇联副主席、书记处第一书记，国务院妇女儿童工作委员会副主任黄晓薇主持论坛。上海合作组织成员国、观察员国和对话伙伴高级别代表出席论坛，实现了上海合作组织框架下妇女领域交流18国大团圆的局面，参会代表规格创

历史新高。

论坛以线上线下相结合方式举行。俄罗斯联邦委员会主席马特维延科，乌兹别克斯坦总统夫人米尔济约耶娃，塔吉克斯坦副总理萨多利约恩，阿富汗总统夫人鲁拉·加尼，伊朗副总统玛苏梅，联合国副秘书长、妇女署执行主任姆兰博·努卡，上海合作组织秘书长诺罗夫作视频致辞。哈萨克斯坦总统直属国家妇女和家庭人口政策委员会主席拉玛扎诺娃，吉尔吉斯斯坦妇女大会主席阿克巴吉舍娃，巴基斯坦总理减贫与社会事务特别助理萨尼娅，白俄罗斯妇女联盟主席、卫生部第一副部长博格丹，蒙古国妇联主席奥云格日勒，印度妇女和儿童发展部副司长特里帕蒂线上发言。各方围绕妇女教育、扶贫减贫与全面发展分享经验、交流信息，一致表示将秉持"上海精神"，进一步深化妇女交流与合作，采取务实措施帮助妇女持续减贫，为深化上海合作组织人民心灵相通、促进上海合作组织妇女发展进步、增进上海合作组织妇女儿童福祉作出更大的贡献。

各国代表热烈祝贺中国共产党百年华诞及取得的成就，盛赞习近平主席作为大国领导人的历史担当和领袖风范，充分肯定妇女教育和减贫事业对国家经济社会发展的重要意义，一致表示愿在"上海精神"的引领下继续深化妇女领域交流与合作。

（中国民间组织国际交流促进会秘书处　闫彧）

维护国家利益

习近平总书记指出，凡是危害中国共产党领导和我国社会主义制度的各种风险挑战，凡是危害我国主权、安全、发展利益的各种风险挑战，凡是危害我国核心利益和重大原则的各种风险挑战，凡是危害我国人民根本利益的各种风险挑战，凡是危害我国实现第二个百年奋斗目标、实现中华民族伟大复兴的各种风险挑战，只要来了，我们就必须进行坚决斗争，毫不动摇，毫不退缩，直至取得胜利。

维护国家主权、安全、发展利益是我国对外工作的出发点和落脚点，也是中国社会组织参与国际活动的出发点和落脚点。2021年，中国社会组织发扬斗争精神，增强斗争本领，坚定反击，敢于出击，在多条战线为坚决有效维护国家利益作出了重要贡献。

积极引导国际民间社会形成正确的"中国观"。一是主动向国际民间社会介绍中国共产党十九届六中全会精神专题宣介会情况，国际民间社会高度评价中共百年来特别是党的十八大以来在以习近平同志为核心的中共中央坚强领导下取得的辉煌成就。二是多家中国社会组织联合 100 多个国家的政党、民间组织和智库向世界卫生组织秘书处提交《联合声明》，坚决反对各种将病毒溯源政治化、标签化、污名化的企图，强调面对新冠病毒对人类生命安全和健康的严重威胁，国际社会需要加强抗疫合作、政策协调、行动配合。三是参与发布《关于自主探索民主道路、携手推动共同发展的联合声明》，重申民主是各国人民的权利，而不是少数国家的专利，不存在适用于一切国家的民主制度和发展模式。

在涉我人权斗争领域，民间战场以正压邪。多家中国社会组织积极参加联合国人权理事会第 46、47、48 次会议及少数群体论坛、工商业与人权论坛等活动，通过举办主题边会、发表视频发言、提交书面发言等形式生动宣介中国人权理念和成就，有力驳斥恶意抹黑中国的谎言，深入揭批美国及一些西方国家人权劣迹。社会组织还积极参与邀请各国民间人士赴中国少数民族地区参访，以事实戳穿谎言与伪证。

建设性参与保护中国海外利益。中国社会组织积极参与建设"一带一路"海外风险预警体系，以信息沟通平台为基础，与政府、企业、个人等做好信息沟通、信息共享工作。围绕反制裁、反干涉、反制"长臂管辖"法律法规，举办双多边法治论坛、交流会等，凝聚法治共识、增进法治互信、深化法治合作，服务建设保障各国和区域经济社会高质量发展的国际法治环境。

社会组织围绕维护国家利益积极开展活动，主要呈现以下特点：

坚持以人民为中心。中国社会组织在维护国家利益过程中，注重发挥人民群众的积极性、主动性、创造性，汇聚最广大人民群众的力量，推动来自各行各业、各民族的人民群众通过讲述自己的故事，生动地向全世界展现中国的发展成就、塑造中国的良好形象，搭建起维护国家利益的人民钢铁防线。

坚持实现维护国家利益与促进全人类共同发展相统一。中国社会组织在进行对外交往过程中，传承中国"以和为贵"的传统文化基因，遵守当地法律法规，保护当地民众利益，为实现广大发展中国家共同发展积极呼吁、建言献策，充分彰显了中国社会组织践行全人类共同价值、推动构建人类命运共同体、共建美好世界的责任与担当。

坚持将维护国家利益与驱动自身发展相结合。中国社会组织充分发挥自身专业优势特长，在经济、网络、生物、环保、海外利益等传统和非传统安全领域提供有力支持。同时，在此过程中，中国社会组织拓宽了视野，增长了见识，锻炼了队伍，扩大了"朋友圈"，在同频共振中切实取得了自身发展进步。

一、中国社会组织在联合国人权理事会第46次会议阐释少数民族人权发展成就

2021年2月22日至3月24日，联合国人权理事会第46次会议在日内瓦举行。多家中国社会组织通过举办视频边会、视频发言、书面发言等多种形式生动阐释中国少数民族人权发展成就和人权理念，有力批驳对中国少数民族政策的抹黑言论，切实维护中国的国际形象。

3月12日，"中国少数民族发展与人权保护"主题边会以视频方式举行。参会代表围绕少数民族的发展、减贫、健康、性别平等、环境保护等话题进行广泛深入交流。此次主题边会由中国计划生育协会、中国人口与发展研究中心共同举办。来自中国、泰国、俄罗斯、埃及、塞尔维亚、塔吉克斯坦、哈萨克斯坦、巴基斯坦等国相关社会组织负责人、专家学者等参加研讨。国内外百余人线上出席会议。

与会代表们认为，中国少数民族地区特别是新疆地区经济和社会得到了长足发展。少数民族人民生活水平、健康和受教育水平普遍提升，发展权、健康权等权利得到保障，性别平等、环境保护等方面不断改善，各民族和谐共处。代表们通过数据事实及亲身经历，有理有据地揭露了西方少数国家歪曲事实和编造谎言的行径，让国际社会更好地了解中国少数民族发展的真实状况。

　　边会发布了共同声明。声明指出，人人生而平等，人民幸福生活是最大的人权，要让发展成果更多更公平地惠及全体人民。声明呼吁各国政府、各国际组织、各民间组织等积极行动起来，以人的全面发展为中心，保障包括少数民族在内的全体人民平等参与，维护社会公平正义。会议向联合国人权理事会秘书处提交这一共同声明。

　　此外，围绕新疆、西藏话题，中国国际交流协会、中国民间组织国际交流促进会、中国人民对外友好协会、中国西藏文化保护与发展协会、中国少数民族对外交流协会、北京市民间组织国际交流促进会等组织代表在视频、书面发言中强调，中国高度重视保障少数民族人权，少数民族群众的物质文化生活水平得到显著提高。某些西方媒体关于新疆存在"种族灭绝""强迫劳动""强制拘禁"的报道毫无事实依据。事实充分证明，新疆各族人民和睦相处、和衷共济、和谐发展，新疆是一个安居乐业的好地方。中国政府积极保护和弘扬西藏优秀传统文化，尊重和保护宗教信仰自由，西藏少数民族发展事业呈现欣欣向荣的景象。

　　相关边会及视频、书面发言在联合国官网实时播出。巴基斯坦日报在其门户网站上对边会做专题报道。人民日报、新华社、中央广播电视总台、中国新闻网等通过文字、视频、电视等形式全方位报道。新华社客户端的"中国少数民族发展与人权保护"云上边会网页浏览量达到 100 多万次。

二、中国国际交流协会举办"弘扬奥运精神、民间助力奥运"系列研讨会

2021 年 6 月下旬，为宣介习近平总书记关于弘扬和传播奥林匹克精神的重要论述，并向国际社会介绍冬奥会筹备工作，通过对话增进国际民间社会对全人类共同价值的共鸣，尤其是推动发达国家民间社会对北京冬奥会的广泛支持，中国国际交流协会同美国、德国、日本的政界、民间组织、学术界、媒体和工商界代表共同举办了"弘扬奥运精神、增进中美民间交流""建交 50 周年与北京冬奥会：推进中德民间合作的重要契机""东京奥运会与北京奥运会：中日民间合作的贡献"三场研讨会。

中国国际交流协会副会长刘洪才、艾平出席，重点宣介了习近平总书记关于弘扬和传播奥林匹克精神的重要论述，强调体育是社会发展和人类进步的重要标志，是社会文明程度的重要体现，2022 年冬奥会和冬残奥会将再次点燃中国民众对奥林匹克运动的热情。中国民间各界将抓住这一重要契机，努力为促进中华文明同世界各国文明交流互鉴、促进奥林匹克运动发展、推动奥林匹克精神传播作出贡献。奥运会历来都不仅仅是体育赛事，在全人类共

同面对新冠肺炎疫情严峻挑战的形势下举办的奥运会，其意义更是远远超出了比赛本身。

北京2022年冬奥会和冬残奥会组织委员会对外联络部负责人就北京冬奥会筹办工作作专题介绍。中国科学院、中国人民大学、北京体育大学、北京国际经济研究中心等单位专家作主题发言并同外方进行互动交流，认为各国运动员、工作人员、志愿者以及各行各业的人们齐心协力，促成冬奥会的成功举行，将向全世界展示相互理解、相互包容、相互帮助所能产生的力量。

东京都日中友好协会顾问西园寺一晃，日本青年会议所日中友好之会前会长、日中友好协会常务理事扬原安麿，日本社会教育团体碧波会理事长鹤由香里及德国弗里德里希·艾伯特基金会、美中硅谷协会代表等表示，全世界之所以对奥林匹克运动如此感兴趣、期待和享受，就是因为人们可以通过体育手牵手、肩并肩，远离政治矛盾和经济竞争，超越民族、种族、意识形态、宗教等。世界是多样的。体育教会我们，只有承认和尊重这种多样性和差异，世界才能大团结。体育必须独立于政治。中国人民团结一心筹备冬奥会，北京冬奥会将是一场成功、胜利的盛会。奥运会是全球共同参与的体育盛事，中国人民对世界人民的热情与友好令人印象深刻，北京冬奥会不应该受到任何政治干涉。北京冬奥会将增进世界其他地区对中国文化的了解，应以北京冬奥会为契机，举办更多丰富多彩、形式新颖的文化活动，促进各国民心相通。

国际民间社会高度关注"弘扬奥运精神、民间助力奥运"系列研讨会，赞赏中外与会代表通过坦诚对话、深入交流，传递客观真实的中国声音，增进国际民间社会对北京冬奥会的理解和支持，同时拓展和深化了通过民间交流促进协调政策立场的内涵和形式。系列研讨会有力回击了美国及部分西方国家背离奥林匹克精神，利用冬奥会玩弄政治把戏、传递政治杂音的政治挑衅。参会的美国、日本、德国代表表示，北京冬奥会一定会是一场成功、胜利的盛会，将为世界人民克服疫情影响、增进相互交流提供良好契机，期待通过北京冬奥会加强与中国的民间交流。奥运政治化的图谋注定不会得逞。

（中国民间组织国际交流促进会秘书处　边沛林）

参与全球治理

    2021 年，在以习近平同志为核心的党中央坚强领导下，国内社会组织坚持以习近平新时代中国特色社会主义思想特别是习近平外交思想为指导，注重守正创新、主动作为，积极参与全球治理体系改革和建设，为推动全球治理体系朝着更加公正合理的方向发展不断贡献中国民间智慧和力量。

    广泛参与联合国等多边机构活动。国内社会组织秉持人类命运共同体理念，坚定维护和践行多边主义，立足安全、发展、人权、环保、生物多样性等诸多领域持续深化同联合国等多边机构的合作。围绕服务习近平总书记重大外交外事活动，国内社会组织通过举办和参与《生物多样性公约》第十五次缔约方大会非政府组织平行论坛、上海合作组织民间友好论坛、第六届中非民间论坛、二十国集团民间社会会议、金砖国家民间社会组织论坛等一系列民间配套活动，积极对外宣介中国在减贫、抗疫、应对气候变化和促进绿色发展等方面的实践和经验，进一步加强对国际民间社会的政治引领。国内社会组织积极申请联合国经社理事会咨商地位，中国国际商会、世界中医药学会联合会等 14 家国内社会组织成功获得咨商地位。在 2021 年联合国互联网治理论坛（IGF）举办期间，中国网络社会组织联合会、中国传媒大学携手联合国儿童基金会举办 IGF 2021《人工智能为儿童——面向儿童群体的人工智能应用调研报告》发布活动，为规范和引领人工智能健康发展提供中国方案。中国计划生育协会积极参加联合国人口与发展委员会第 54 届视频会议，持续加强与国际计生联合作，为促进全球人口可持续发展作出重要贡献。中国民间组织国际交流促进会、中国国际交流协会、中国人权发展基金会、中国扶贫基金会、北京市民间组织国际交流促进会等国内社会组织全面参与联合国人权理事会会议及第 14 届少数群体问题论坛，第三届"人权、民主与法治"论坛，第十届工商业与人权论坛等专业性人权活动，积极宣介中国以人民为中心的人权理念，有效推动世界人权事业健康发展。

着力构建参与全球治理的国际民间统一战线。为推动民间友好、增进国际社会对华认知，国内社会组织结合重要时间节点、聚焦重点对象开展一系列国际交往交流活动，取得明显成效。中国与全球化智库和当代中国与世界研究院持续推进"国际青年领袖对话"项目，为不同文明、不同国家、不同领域的国际青年搭建起交流思想、互学互鉴、增进友谊的对话平台，为完善全球治理汇聚起更多青春力量。中国人民对外友好协会应邀以联合国"每个妇女 每个儿童"中国合作伙伴网络名义，与中国发展研究基金会合作举办第七届反贫困与儿童发展国际研讨会，呼吁世界各国合作实现《联合国2030年可持续发展议程》儿童发展目标。围绕中美关系，国内社会组织积极同美国政界人士、专家学者、智库、民间组织交往，举办中美"乒乓外交"50周年、基辛格秘密访华50周年、飞虎队来华抗战80周年等一系列纪念活动，从民间层面推动两国关系健康平稳发展。以纪念新中国恢复联合国合法席位50周年为契机，国内社会组织与联合国机构代表、联合国驻华国别小组、国外非政府组织、专家学者共同举办"我与联合国的故事"国际视频研讨会、"中国与联合国：50年合作历程与未来发展"座谈会等活动，共同回顾中国与联合国的交往历程，探讨未来发展方向和路径。国内社会组织还同一些国家友好组织、智库机构加强协调，共同发出秉持科学专业精神、反对病毒溯源政治化的强烈呼吁。

着力加强全球治理能力建设和学科建设。围绕提高参与全球治理的规则制定能力、议程设置能力、舆论宣传能力、统筹协调能力，国内社会组织注重加强自身建设，不断增强在全球治理中的影响力和话语权。中促会与湖北省委外办合作举办社会组织参与全球治理能力建设培训班，部分全国性社会组织和来自11个省（自治区、直辖市）的地方社会组织约 80 名代表参加。为支持中国民间力量参与建设"一带一路"国际合作和其他重要领域全球治理，深圳市国际交流合作基金会上线中国社会组织海外合作数据库，覆盖国内80 万家社会组织和 20 万家爱心企业。北京外国语大学区域与全球治理高等研究院发布了首个"全球国际组织影响力指数"，填补了相关领域空白。中促会与清华大学、北京外国语大学合作，面向高校学生分别举办"中国社会组织参与全球治理"系列工作坊和"中国社会组织参与全球治理：理论与实践"校级选修课程，推动社会组织与高校师生加强互动交流，为社会组织参与全球治理储备力量。

一、中国国际民间组织合作促进会围绕重点领域参与全球治理

2021 年是国家"十四五"规划开局之年，也是中国国际民间组织合作促进会（以下简称"民促会"）脱钩转型的起步之年。民促会坚持以习近平新时代中国特色社会主义思想特别是习近平外交思想为指引，在理事会的领导下，围绕气候变化、性别平等、社会责任等重点领域，主动谋划、积极作为、开拓创新，以实际行动推进全球治理体系改革进程。

第一，积极应对气候变化，促进生态环境保护。为推进全球气

候治理体系改革完善，民促会携手国内社会组织积极参加二十国集团民间社会（C20）会议、格拉斯哥气候变化大会等多边会议，先后举办社企合作助力东盟绿色投资论坛、第26届联合国气候变化大会行前会等活动，持续深化区域、次区域应对气候变化国际合作，向国际社会分享中国社会组织应对气候变化的实践经验。扎实推进中国与东南亚五国环境与气候传播研究、《巴黎协定》下促进地区伙伴关系、后疫情时代气候和生态保护传播能力建设等项目，推动国内外气候传播领域的民间交流与相互借鉴，积极探索多元参与的气候治理新模式。通过开展"与浪人共护海洋"主题分享会、《可持续冲浪指南》发布会与"世界海洋日"净滩行动，撰写《欧洲海

洋保护区理论与实践》报告，召开欧盟海洋保护区理论与实践研究线上（闭门）研讨会等方式，强调生物多样性保护的紧迫性和重要性，切实提高国内外民众环保意识。

第二，深化民间交流合作，提升参与全球治理能力。2021年11月5日，民促会与北京师范大学人文和社会科学高等研究院共同举办主题为"中日韩民间社会参与社会工作的政策与实践"的第12届东亚民间社会论坛。来自中日韩三国的社会组织代表、专家学者等围绕社会组织如何更好参与防灾减灾、社区建设、志愿服务等社会工作进行深入探讨。此外，民促会通过问卷调查、深度访谈等方式，收集中外社会组织和企业等利益相关方研究素材，梳理中资企业在海外投资中履行社会责任方面遇到的问题和产生的需求，共有77家中资企业和29家中外社会组织参与项目调研，6家中资企业和10家社会组织提供实践案例，为推动中资企业在海外更好地履行社会责任、增强投资可持续性提供了有益借鉴和参考。

第三，促进性别平等，助力全球妇女事业健康发展。2021年6月，民促会积极派员以视频方式参加金砖国家民间社会论坛，并在"金砖国家经济对话与妇女参与"分论坛上发言，呼吁重视女性在金砖国家经济合作中的地位作用。民促会同联合国妇女署展开密切合作，在中国基金会和社会团体中推进社会性别主流化项目，先后举办性别主流化专题研讨会暨项目启动会、性别视角培训工作坊、中国慈善援助与性别视角研讨会等系列活动，与全国 43 家社会组织共同发起"在慈善援助中纳入性别视角"倡议，编辑发布《中国公益行业性别主流化系列手册》，有力推动性别视角融入社会可持续发展的各个领域和议题。

二、中国人权研究会为中欧人权领域交流合作提供新思路

2021 年 6 月 8 日，为深入宣介习近平总书记关于尊重和保障人权的重要论述，向国际社会阐释中国保护人权的新理念和新实践，推动中国和欧洲国家民间各界及时分享关于保障民众生命权、健康权方面的经验，为全球抗疫合作和人权治理健康发展作出努力，中国人权研究会与意大利《世界中国》杂志共同举办了"2021·中欧人权研讨会"。研讨会聚焦"新冠肺炎疫情与生命健康权保障"，共设"新冠肺炎疫情给当代生命健康权保障带来的挑战与各国应对""特定群体的生命健康权保障""公共卫生危机中生命健康权保障的国家责任"等五场平行会议。来自中国、意大利、法国、德国、葡萄牙、世界卫生组织、联合国人权高专办等 20 余个国家和国际组织的 180 多位政界人士和专家学者参与研讨。

中国人权研究会会长向巴平措在开幕致辞时表示，习近平总书记多次强调"生命权和发展权是首要的基本人权"。新冠肺炎疫情发

▲ 2021·中欧人权研讨会

生以来，中国坚持以人民为中心的生命健康权保障理念，平等无差别救治患者、拯救生命，将感染率和病死率控制在最低水平。中国还积极倡导构建人类卫生健康共同体，开展了大规模的全球人道主义行动，为全球抗疫共享了智慧和力量。

中宣部副部长蒋建国表示，在习近平总书记的坚强领导下，中国坚持人民至上、生命至上，有效保障了人民的生命权、健康权。实践证明，中国共产党坚持以人民为中心的人权理念，将人权的普遍性原则和中国实际相结合，不仅让中国人民的人权得到了前所未有的发展、实现和保障，也为全世界人权事业作出了巨大贡献。

联合国人权高专办干事什亚米·普维马纳辛认为，新冠肺炎疫情的共同经历让我们更深刻地认识到人与人之间的依赖关系，必须将抗击疫情视为国际性问题，秉持人权精神，以人为中心，加强人与人的团结、国与国的团结，通过国际合作共克时艰。还应当更加重视发展与人权的关系，意识到基础设施、社会资源是实现人权的重要前提，国际社会和各国应当重视通过发展促进人权。

意大利国际合作专家卡普利亚、西班牙知华讲堂副主席科尔蒂索、葡萄牙里斯本大学研究员热苏斯等与会专家学者高度认同本次研讨会的重大现实意义，普遍认为本次研讨会为不同文明和文化之间沟通交流提供了崭新机会，中欧人权领域众多专家学者参加本次研讨会。此次研讨会有助于西方国家更加深入理解中国的人权实践，理解中国为保障人权所作的努力，也有助于增进东西方对于人权价值的理解与共识。中欧之间合作抗疫，体现了新的国际合作精神，可以为建设一个国际政治和经济平衡的后疫情世界作出更大贡献。中西方历史文化渊源不同，社会制度不同，形成了不同的人权观念和人权保障制度。但这诸多的不同并未影响中欧在促进和保障人权、实现人人充分享有人权目标上的一致性。在全球仍面临百年来最严重传染病肆虐的背景下，人类命运紧紧相连、休戚与共，各国应当为全球抗疫合作和人权治理健康发展贡献更多智慧和力量。

（中国民间组织国际交流促进会秘书处　牛鹏飞）

开展抗疫国际合作

　　新冠肺炎疫情暴发以来，我国大力倡导和推动抗疫国际合作，为各国应对疫情提供有力支持，充分展现了负责任大国担当，与世界各国携手谱写了构建人类命运共同体的新篇章。习近平总书记在多个场合发表重要讲话，呼吁积极开展抗疫国际合作，维护地区和全球公共卫生安全，强调要全面深化抗疫国际合作，坚持建设开放型世界经济，争取尽早战胜疫情，共同推动构建人类卫生健康共同体。

　　2021年，我国社会组织坚决贯彻落实习近平总书记关于加强抗疫国际合作的重要指示精神和党中央决策部署，积极履行责任和义务，为践行人类命运共同体理念贡献力量。全国范围内各领域各地方社会组织主动作为，积极投身抗疫国际合作，通过捐赠抗疫物资、派遣医疗队伍、实施资金援助、分享经验理念等方式，为助力各国抗击疫情、携手共筑抗疫防线、推动构建人类卫生健康共同体作出了积极贡献。

通过物资捐赠提供切实帮助。中促会和中国和平发展基金会联合发起"健康爱心包"捐赠项目，得到中华慈善总会、中国计划生育协会、中国华夏文化遗产基金会、中国友好和平发展基金会等社会组织的积极响应，为支持友好国家应对疫情带来的冲击、巩固和深化各国人民友谊作出积极贡献。中国扶贫基金会携手善心莲心助力尼泊尔抗疫物资捐赠仪式在北京、加德满都两地连线举行，在尼泊尔疫情迅速升级之际伸出援手，提供口罩、制氧机等物资援助，帮助尼泊尔人民渡过难关。

通过经验交流分享智慧方案。丝绸之路沿线民间组织合作网络联合中外成员组织举办若干场疫情防控经验分享视频会。中国医药保健品进出口商会、世界针灸学会联合会等组织共同举办"中－印尼携手抗疫线上专题会"，共300余名印尼中资企业代表及100余名印尼华人华侨同时在线观看直播。

通过理念引导弘扬正确价值观。中国国际交流协会、中国网络社会组织联合会、中华环保联合会等社会组织向联合国人权理事会提交书面发言，介绍中国社会组织投身疫情防控、积极开展抗疫国际合作、助力世界公共卫生体系建设、有力保障健康权的有关情况。多家社会组织参与向世界卫生组织秘书处提交《联合声明》，坚决反对将新冠病毒溯源问题政治化，坚决反对"疫苗民族主义"，呼吁积极促进抗疫合作，共同推动构建人类卫生健康共同体。

我国社会组织参与抗疫国际合作取得了良好效果，得到对象国充分肯定。巴基斯坦、柬埔寨等国表示，"健康爱心包"项目不仅为有需要的民众提供了抗疫物资援助，更展现了来自中国民间的友好情谊，充分体现了中国人民为世界人民谋福祉的高尚精神。格鲁吉亚、泰国等国红十字会代表感谢中国红十字会及时捐赠新冠疫苗，表示在中国的支持下，将有更多民众有机会接种疫苗，度过疫情最艰难的时刻。此外，我国社会组织抗疫国际合作还吸引了国内外媒体广泛关注。美国广播公司、卡塔尔半岛电视台、柬埔寨《金边邮报》等外媒积极报道有关活动情况，肯定中国社会组织为国际抗疫作出的贡献。人民网、央视网、新华社、光明网、中国日报、澎湃新闻等国内主流媒体平台也持续密切关注，弘扬抗疫国际合作精神，产生良好社会效应。

一、中国红十字会积极开展抗疫国际合作

为坚决贯彻落实习近平总书记关于抗疫国际合作的重要指示精神和党中央决策部署，积极履行作为红十字会与红新月会国际联合会副主席国的责任和义务，为践行人类命运共同体理念贡献力量，

2021 年中国红十字会共向埃塞俄比亚、叙利亚、黎巴嫩、泰国、柬埔寨、格鲁吉亚、印度尼西亚、尼泊尔、孟加拉国、巴基斯坦、老挝和缅甸等 12 个国家援助新冠疫苗共计 160 万

▲ 中国驻柬埔寨大使王文天同柬埔寨红十字会主席、洪森首相夫人文拉妮共同出席疫苗捐赠交接仪式

剂，通过双多边渠道向古巴、巴基斯坦、蒙古国、印度和尼泊尔等五国提供价值约 1127 万元人民币的口罩、医疗设备等抗疫物资支持，并向印度援助了 100 万美元现金。

泰国红十字会常务副会长诗琳通公主和柬埔寨红十字会主席、洪森首相夫人文拉妮出席疫苗捐赠交接仪式，并向中国红十字会表示感谢，认为疫苗援助将有效支持其抗击疫情、保护人民生命健康。中国驻柬埔寨大使王文天和驻泰国使馆公使衔参赞杨欣参加交接仪式。格鲁吉亚红十字会会长对中国红十字会的疫苗捐赠表示诚挚感谢，并指出 2020 年新冠肺炎疫情暴发后，中国红十字会是第一个向其提供支持的国家红会。

此外，中国红十字会第三批援布基纳法索医疗队于 2021 年 3 月

16 日完成援外任务顺利回国，以实际行动践行了"不畏艰苦、甘于奉献、救死扶伤、大爱无疆"的中国援外医疗精神和"人道、博爱、奉献"的红十字精神，得到国家卫健委的通报表扬，为我国援外医疗事业作出了积极贡献。医疗队伍服务的唐加多戈医院是新冠肺炎患者定点收治医院。除日常工作外，医疗队根据国家卫健委和总会的安排，在保证自身安全的基础上积极开展疫情防治工作，与布国联手抗疫，包括分享防疫经验，主动诊疗疑似病例，协助搭建视频平台；配合我国驻布大使馆协助我在布人员防控疫情，及时响应华人华侨需求；为我国派往布国的医疗专家组提供各方面支持等。2021 年 3 月 16 日晚，受国家卫健委委托，中国红十字总会派遣的第四批援布基纳法索医疗队一行 11 人从上海浦东机场出发，赴非洲执行为期一年的援外医疗任务。

面对世纪疫情，中国红十字会积极组织系列捐赠活动，派遣医疗队开展援外医疗，展示出中国与世界各国、中国红十字会与各国红会守望相助、团结抗疫的信心和决心，受到对象国的欢迎和红十字会与红新月会国际联合会的认可。

2021 年 9 月，红十字会与红新月会国际联合会东亚地区代表处主任彭玉美（Gwendolyn Pang）到访中国红十字会时表示，中国红十字会在各方面积累的经验可以为其他国家红会发展提供借鉴，她代表国际联合会主席罗卡，对陈竺会长及中国红十字会为国际联合会及其他国家红会发展所作的贡献表示感谢，尤其是在新冠肺炎疫情暴发初期，中国红十字会在国内抗疫需求巨大的情况下，仍然积极调动资源支持其他国家红会抗击疫情，充分体现了大国红十字会推动构建人类卫生健康共同体的责任与担当，希望未来双方继续加强合作，期待中国红十字会在国际红十字与红新月运动中发挥更大的作用。

二、中华慈善总会积极开展"儿童健康爱心包"项目

为积极响应和践行习近平总书记提出的"一带一路"倡议，中华慈善总会于2017年5月发起"一带一路·民心相通"少年手拉手活动，组织沿线国家的少年学生相互了解、相互交流、相互学习、共同成长，将中外人民的传统友谊发扬光大，构筑"一带一路"建设的民意基础。

2021年，中华慈善总会联合中促会共同开展第四届"一带一路·民心相通"七国学生手拉手活动"儿童健康爱心包"项目，通过向"一带一路"沿线国家捐赠"儿童健康爱心包"，更好地支持"一带一路"沿线国家克服疫情冲击，巩固与各国人民的传统友谊，促进民间友好交往和民心相通。截至目前，已向缅甸、蒙古国、老挝、柬埔寨、马来西亚、莫桑比克、亚美尼亚、毛里求斯、巴基斯坦、

▲ 第三届"一带一路·民心相通"学生手拉手活动"儿童健康爱心包（蒙古国）"捐赠仪式

尼泊尔、利比里亚、菲律宾、马尔代夫、埃及、泰国、斯里兰卡、波黑、印度尼西亚18个国家捐赠了40 000个爱心包，价值787万元人民币。

"儿童健康爱心包"项目得到了蒙古国、老挝、莫桑比克、泰国等国家的充分肯定和赞誉，外方通过感谢信向总会表示感谢，并希望这样的活动能持续开展，不断增进各国人民友谊。

为助力缅甸掸邦、克钦邦、曼德勒省民众开展新冠肺炎疫情防控工作，2021年8月5日，中华慈善总会向缅甸捐赠了价值207万元人民币的防疫物资，助力当地民众及儿童应对新冠肺炎疫情。这批物资由中国驻曼德勒总领馆接收，包括120万只口罩、3万包洁肤湿巾、2000 盒清凉油、2000 块压缩干粮、2000 个"儿童健康爱心包"等。

（中国民间组织国际交流促进会秘书处　徐弘园）

实施民生项目

习近平总书记在第三次"一带一路"建设座谈会上强调指出，民生工程是快速提升共建国家民众获得感的重要途径，要加强统筹谋划，形成更多接地气、聚人心的合作成果。

长期以来，实施民生项目都是中国社会组织开展对外交流合作、参与国际非政府组织活动的重要方式，也是快速提升当地民众获得感、有效增进民心相通的重要途径，为推动共建"一带一路"高质量发展、推动构建人类命运共同体发挥了重要作用，对向世界展现可信可爱可敬的中国形象具有重要意义。

2021年，中国社会组织克服新冠肺炎疫情和国际局势动荡的不利影响，充分发挥品牌民生项目优势，贴合当地民众需求，积极探索更多民生项目领域和实施渠道。2021年，中国社会组织重点聚焦零饥饿、消除贫困、健康福祉、优质教育、清洁饮水、卫生设施、体面工作和经济增长等联合国可持续发展目标，着力开展扶贫发展项目、职业培训项目、健康卫生项目、人道救援项目和国际助学项目，普惠周边国家和"一带一路"沿线国家民众。总体而言呈现以下特征：

一是政府、企业、社会组织多方参与的模式有力助力民生项目平稳落地。2021年，国家国际发展合作署、外交部、商务部联合发布了《对外援助管理办法》，规定"使用南南合作援助基金，支持国际组织、社会组织和智库等实施的项目"，为社会组织开展国际民生项目提供了大力支持，国内社会组织通过南南合作援助基金开展项目的步伐更加稳健。在中国民间组织国际交流促进会指导下，在使馆支持和企业资助下，民生项目的海外实施更加顺利平稳。

二是境外代表机构的设立有效推动民生项目经验不断积累。国内社会组织驻外机构发挥了突出作用，在对驻在国风俗习惯、政策法律、工作方式和操作程序的了解基础上，不断优化项目方式和做法。如中国扶贫基金会的"国际爱心包裹"项目，就是基于海外办事处的调查研究，紧贴民众需要不断调整爱心包裹中的物品内容，将爱心包裹划分为"学生型""美术型""温暖型"。

三是品牌民生项目初现规模效应。国内社会组织将国内民生建设的有益经验向外延伸，打造了一批品牌响亮的民生项目。在"丝路一家亲"行动框架下，中国社会组织同外国非政府组织建立近600对合作伙伴关系，共开展300余个合作项目，"深系澜湄""国际爱心包裹""健康爱心包"等品牌项目在各国产生广泛影响。

中国社会组织的民生项目在中国国内和受益国当地都受到了广泛关注，取得了良好的政治社会效果。

一是获得了受益国政府的肯定和主流媒体的广泛关注。2021年，国内主流媒体对我国社会组织开展的国际民生项目进行广泛报道，尼泊尔、缅甸、埃塞俄比亚、巴基斯坦、柬埔寨、老挝等多国主流媒体盛赞中国社会组织为改善当地民众生活条件所作的贡献，广泛关注和报道中国社会组织的善举。

二是获得了受益国民众的热情欢迎。新冠肺炎疫情对各国经济发展产生冲击，特别是发展中国家人民群众的生活受到极大影响。2021年，中国社会组织持续开展疫苗援助项目以缓解当务之急，紧贴受益国民众需求开展教育扶贫和职业培训项目，得到受益国民众的广泛欢迎，有效增进民心相通。

三是加强了国内社会组织同国际组织的紧密联系，彰显中国负责任的大国形象。中国社会组织加强同联合国难民署、联合国妇女署、联合国开发计划署和联合国儿童基金会的合作，共同在发展中国家实施民生项目。如爱德基金会与联合国难民署合作，为非洲肯尼亚、喀麦隆和南苏丹等国家流离失所的难民女孩提供校服和卫生包，展现了中国的可亲形象。中国社会组织的民生项目还被联合国、世界银行等评为"最佳减贫案例""促进可持续发展优秀案例"等，获得国际社会的好评。

一、中国扶贫基金会深入"一带一路"沿线国家和地区开展人道主义援助和减贫项目

2021年，中国扶贫基金会继续响应国家"一带一路"倡议，助力推动构建人类命运共同体，发挥自身优势，在"一带一路"沿线国家和地区积极开展民生公益项目，得到了东道国的欢迎和赞誉，为加强同共建国家间的民心相通、厚植民意基础、展示中国负责任大国形象作出了贡献。

截至2021年年底，中国扶贫基金会围绕消除贫困、零饥饿、健康福祉、优质教育、清洁饮水与卫生设施、体面工作和经济增长等六个联合国可持续发展目标，在25个国家和地区开展了人道主义救援和减贫发展项目，总投入超过3.07亿元人民币，约161万人次受益。在缅甸、尼泊尔和埃塞俄比亚注册成立了国别办公室，建立了一支稳定的海外项目执行队伍。

2021年，中国扶贫基金会国际发展援助项目面向贫困社区和贫困人口开展一系列助力联合国可持续发展目标第一项"消除贫困"的项目；针对联合国可持续发展目标第二项"零饥饿"，中国扶贫基金会开展了国际微笑儿童项目，筹集善款1051万元人民币，项

▲ 布隆迪贫困学生收到"爱心包裹"

目支出 992 万元人民币，覆盖了埃塞俄比亚、尼泊尔、缅甸、巴基斯坦、柬埔寨和老挝等六个国别，33 954 人次受益；针对联合国可持续发展目标第四项"优质教育"，开展了"国际爱心包裹"项目和国际太阳能灯助学项目等，其中，"国际爱心包裹"项目投入 3041.55 万元人民币，惠及"一带一路"沿线国家 203 622 名贫困小学生；针对联合国可持续发展目标第六项"清洁饮水与卫生设施"，在埃塞俄比亚开展国际水与健康发展项目，完成 20 所学校净水系统的修建及监测工作；针对联合国可持续发展目标第八项"体面工作与经济增长"，在埃塞俄比亚开展妇女和青年职业培训项目，在土库曼斯坦开展助残减贫项目。

2021 年，新冠肺炎疫情在全球持续蔓延，中国扶贫基金会积极响应和参与中促会发起的"丝路一家亲"民间抗疫共同行动，在尼泊尔、缅甸和柬埔寨开展国际人道救援项目，共投入 135 万元人民币，惠及 38 412 人次。为了帮助重点国家应对疫情，中国扶贫基金会向尼泊尔和缅甸发放制氧机等抗疫物资，并在尼泊尔创新性地开展社区卫生抗疫洗手站项目和新建抗疫隔离点，向柬埔寨捐赠资金购买新冠病毒检测试剂。另外，为帮助尼泊尔抗击水灾，中国扶贫基金会为尼泊尔孤儿院及残障中心发放粮食包和煤气罐等救灾物资。

中国扶贫基金会的国际项目受到国内外广泛关注。全年获得国内主流媒体报道 70 余次，尼泊尔、缅甸、埃塞俄比亚、巴基斯坦、柬埔寨、老挝等项目所在国主流媒体亦广泛关注与报道。其中，"国际爱心包裹"项目荣获 2021 年"第二届全球减贫案例征集活动"最佳减贫案例。同时，中国扶贫基金会还得到了项目所在国政府官员、合作伙伴、项目受益对象等的多方好评，在多项第三方评估中得到认可。尼泊尔能源部长、尼泊尔前国防部长、尼泊尔前体育文化部长、老挝人民革命党官员、缅甸微笑儿童项目区文体局、缅甸卫生局等对中国扶贫基金会的国际项目提供支持并出席了相关活动。

二、爱德基金会扎实开展可持续发展援助项目

爱德基金会以"让生命更丰盛，让社会更公正，让世界更美好！"

为愿景，扎实开展可持续发展援助项目，加强同国际组织在多元领域的交流合作，增进同国际伙伴组织的深厚友谊，打造爱德基金会与国际合作伙伴的全球合作机制。通过开展多领域国际民生项目，爱德基金会为周边发展中国家和非洲国家贫困群体解决实际生活困难，提升相关项目所在国家民众福祉。

2021年，爱德基金会通过加强与联合国难民署合作推动全球可持续发展。以为非洲肯尼亚、喀麦隆、南苏丹等三国流离失所的难民女孩采购校服与卫生包等方式关爱非洲女孩，助力实现性别平等的可持续发展目标。爱德基金会还在国际教育合作领域和水资源领域深耕厚植，助力实现"优质教育"和"清洁饮水与卫生设施"等联合国可持续发展目标，薪火同行国际助学计划项目和"活水行"等品牌项目的国际影响力日益提升，获得受益国家广泛欢迎和一致好评。

为团结发展中国家"Z世代"青年，向国际社会阐释中国民间关于关爱战乱和贫困国家儿童受教育权利和保障女童获得平等教育的主张，提出减少发展中国家儿童失学、辍学的中国方案，宣介习近平总书记关于"扶贫必扶智"的重要理念，爱德基金会面向广大发展中国家开展薪火同行国际助学计划项目。截至2021年年底，爱德基金会共募集近600万元人民币，在柬埔寨、尼泊尔、斯里兰卡、乌干达、埃塞俄比亚等亚洲和非洲八国开展薪火同行国际助学计划项目，共计5760人受益。

　　爱德基金会结合受援国实际、紧贴当地儿童具体需求，通过加强同当地合作伙伴联络沟通、派出专家团队深入调研等方式，为有需求的儿童采购并发放学习用品和生活物资，并定期回访。助学金的发放和物资包的提供为当地贫困儿童家庭减轻了经济负担，在很大程度上保障了儿童的正常入学。2021 年 9 月，薪火同行国际助学计划项目在柬埔寨启动。项目启动会上，柬埔寨马望省青年教育与体育局局长孙文（Suon Veng）表示，人力资源对柬埔寨的发展非常重要，教育则是获得人力资源最直接的方式。薪火同行国际助学计划项目在柬落地，体现了中国人民的善意，饱含了中国人民对柬埔寨人民的深厚情谊。相信在爱德基金会这样的中国朋友和社会各界的帮助下，在柬埔寨人民的努力下，柬埔寨的孩子们能够在疫情背景下获得更加平等的教育机会。

　　为帮助发展中国家社区应对气候变化带来的干旱与水资源危机，爱德基金会发起国际"活水行"项目，致力于为发展中国家民众获得安全饮用水提供支持，帮助当地社区建立便捷的饮用水和生活用水设施，为周边国家和非洲国家饮用水安全作出了重要贡献，为深化同共建"一带一路"国家民间交流互助奠定了基础。

　　2021 年，爱德基金会继续在尼泊尔和缅甸社区开展国际"活水行"项目，以打井、安装抽水泵、安装光伏发电装置、建立蓄水池和沉淀池、铺设供水管道、设置自来水取水点等方式，创新性地为

▲ 村民共同参与管道铺设工作

社区建立起便捷的供水系统，为解决这些发展中国家饮水困难等问题提供了中国方案。项目取水点安在当地村民的房前屋后，极大地减轻了村民取水的负担，解决了他们最迫切的用水问题，受益人数达4000人。项目还同步开展环境卫生宣传倡导，改善当地村民尤其是儿童的卫生习惯，提升当地村民健康水平，增进当地民众对我国卫生健康理念的理解和认同。

2021年虽有疫情阻隔，但爱德基金会的民生项目坚持扎根当地社区，通过线上与当地村民沟通交流，在当地合作伙伴的帮助和协调下，爱德基金会的民生项目为"一带一路"沿线国家更多有需要的人们带去实实在在的好处，拉近了当地民众与中国人民的感情。

（中国民间组织国际交流促进会秘书处　张志帅）

密切人文交流

　　党的十八大以来，在以习近平同志为核心的党中央领导下，中国社会组织以构建新型国际关系、构建人类命运共同体为引领，秉持"天下一家"、和合共生的中华优秀人文理念，既把握各种文明交流互鉴的大势，又重视不同思想文化相互激荡的现实，走出了一条具有鲜明中国特色的人文交流之路，推动中华文化"走出去"步伐不断加快，国家软实力进一步提升。人文交流的核心是以人为本，关键是平等互鉴，宗旨是合作共赢。加强中外人文交流是夯实中外关系社会民意基础、提高中国对外开放水平的重要途径。

　　2021年，民政部印发《"十四五"社会组织发展规划》，明确提出"稳妥实施社会组织'走出去'，有序开展境外合作，增强我国社会组织参与全球治理能力，提高中华文化影响力和中国软实力"。中国社会组织充分利用各种契机，发挥民间外交优势，营造亲密友好氛围，进一步拉紧了世界各国民心相通的纽带。

　　围绕重大外交议程开展系列活动。围绕北京冬奥会，中国人民对外友好协会、北京市人民对外友好协会举办"祝福冬奥·圆梦冰雪"国际青少年绘画邀请展。中国友好和平发展基金会等举办"相聚北京冬奥　放飞青春梦想"迎北京冬奥会 100 天倒计时活动。围绕联合国《生物多样性公约》缔约方大会第十五次会议，中华环境保护基金会等社会组织积极举办非政府组织平行论坛。配合中非合作论坛第八届部长级会议召开，中国民间组织国际交流促进会举办第六届中非民间论坛，多家社会组织围绕增进中非人文交流举办多场平行分论坛。以中国恢复联合国合法席位 50 周年为契机，中促会和中国国际交流协会共同举办"我与联合国的故事"国际视频研讨会。

建立高级别人文交流机制。中国社会组织举办了太湖世界文化论坛第六届年会、2021 年中国（曲阜）国际孔子文化节暨第七届尼山世界文明论坛、金砖国家人文交流论坛、第六届"一带一路"国际青年论坛、中国希腊文明交流互鉴对话会、中美"乒乓外交"50 周年纪念活动、2021 亚洲青年领袖论坛、"中日友好杯"中国大学生日语征文比赛等高质量、高规格的人文交流重要活动，并在传媒影视、音乐体育、科技教育等领域开展了精彩纷呈的促交流、惠民生的项目活动，不断夯实人文交流基础、深化人文交流互鉴、汇聚人文交流力量。

向世界传播中华优秀传统文化。全球化智库举办"感知传统文化，深化文明互鉴"——国际青年领袖对话中秋沙龙活动。中国和平发展基金会举办第二届中柬友好中文演讲比赛。世界针灸学会联合会举办中医针灸国际合作及产业发展论坛。中国新闻史学会举办民间文化力量出海助力国际传播能力建设研讨会。

2021年，越来越多的社会组织认识到，文化与经济相辅相成、缺一不可，加强人文交流合作，能够充分凝聚共识、引领价值、弘扬精神、传递力量。中国社会组织将继续积极开展人文交流活动，在实现各国民心相通、增进国际民间社会互信合作等方面持续发挥重要作用。

一、中国科学技术协会指导中国航空学会承办第 32 届国际航空科学大会

习近平总书记指出："开展科技人文交流，推动青年创新合作，是各国共同愿望。"近年来，中国科协发挥民间科技人文交流主渠道作用，推动成员组织积极开展国际合作。2021年，通过线上讲座、视频会议等方式与约 300 个国际、国别科技组织开展民间科技交流。

2021 年 9 月 6 日，第 32 届国际航空科学大会在上海举办。习近平总书记向大会致贺信指出，"航空科技是 20 世纪以来发展最

▲ 第32届国际航空科学大会现场

为迅速、对人类生产生活影响最大的科技领域之一。当今世界正经历深刻的科技革命和产业变革，航空科技面临前所未有的发展机遇，开展全球航空科技合作十分必要、大有前途。希望本届大会为促进全球航空科技合作发挥积极的作用，为世界各国人民带来更多福祉。"全国政协副主席、中国科学技术协会（以下简称"中国科协"）主席万钢宣读贺信并致辞。

本次大会由中国航空学会在中国科协的支持指导下成功举办，是时隔29年后国际航空科学大会再次在中国召开。来自40多个国家航空科技组织和机构的代表以及国内重要航空企事业单位代表近800余人通过线上线下相结合的方式参加大会。自2016年起，中国科协即支持中国航空学会积极申办第32届国际航空科学大会，深度参与航空科技领域治理。中国航空学会积极争取国际航空科

学理事会 (ICAS) 支持，最终代表中国从五个候选国中全票胜出，获得第 32 届国际航空科学大会的承办权。申办成功后，中国科协国际合作部通过国际组织治理能力提升项目资助中国航空学会每年出国参加国际组织会议，支持国际航空科学大会筹备进展。新冠肺炎疫情暴发以来，中国航空学会通过线上会议方式同国际航空科学理事会密切联络，赢得理事会决策层的理解和支持。会议举办期间，中国航空学会与国际航空科学理事会秘书处线上沟通多达 35 次，会议播放 600 多场视频，开展近 500 场实时问答，涉及实时发言嘉宾和主持人 700 余人，最终组织中国航空领域专家积极参与，奉献顶尖水平大会报告、发起意义重大话题，为会议增色。国际航空科学理事会对我国民间科技组织在疫情背景下担当作为的品质和专业高效的作风表示高度赞赏。

国际航空科学理事会秘书处、各委员会以及参会代表纷纷反映，中国承办会议部署细致、响应及时，为航空科技界搭建了更安全、更快速、更环保和更经济的交流平台。

二、中国教育国际交流协会举办第 22 届中国国际教育年会

教育国际交流是人文交流大格局中的重要组成部分，具有先导性、基础性特点。2021 年，中国教育国际交流协会按照"官民并举、

▲ 第22届中国国际教育年会现场

政社桥梁"要求，充分发挥社会团体优势，统筹国际国内两种资源，卓有成效地开展了内涵丰富、特色鲜明、覆盖广泛的国际民间教育人文交流活动，在组织、协调、规范和引领中国民间教育国际交流方面发挥了桥梁和纽带作用，成为中国教育连接世界的重要渠道。

中国教育国际交流协会举办的第22届中国国际教育年会围绕国家战略，回应全球关切，以"育新机，开新局，建设开放的高质量教育体系"为主题，广邀全球政界、学界、业界代表分享经验与智慧，探讨教育国际交流合作面临的新机遇和新挑战，谋划教育高质量发展创新路径，共商国际教育发展之路，描绘全球教育未来蓝图。刘利民会长主持全体大会，英国教育部常务次官苏珊·阿克兰－胡德，新加坡教育部部长陈振声，联合国教科文组织教育助理干事斯蒂芬妮亚·贾尼尼，中国工程院院士、中国载人航天工程总设计师周建平，复旦大学党委书记焦扬等450名国内外嘉宾通过线上或线下分享精彩观点，共同为后疫情时代国际教育合作建言献策。中国教育部部长怀进鹏出席全体大会并倡议"坚持互学互鉴，促进民心相通"，呼吁各国加强国际理解教育和跨文化沟通教育，为教师和学生提供相互学习、交流互鉴的平台和机会，让教育为民心相通助力，厚植构建人类命运共同体的民意基础。

本届年会举办了全体大会、30 场平行研讨会、中外院校项目合作洽谈会，并在北京、上海和广州三地举办了中国国际教育展及数十场双多边会谈会见等配套活动，发布了 7 份年度权威报告和成果，吸引了全球 60 多个国家和地区约 3200 名代表参会、参展。其中，2021 年中国国际教育展于 10 月 23 日至 30 日巡回北京、广州和上海三地，近 10 个驻华使领馆组织国家展团参与此次中国国际教育展，20 多个国家和地区近 300 所院校参展，观展人数共计 3 万余人。

新华社、中国日报、中国教育报、中国教育电视台等 36 家主流媒体对第 22 届中国国际教育年会进行了全面、深入报道。

（中国民间组织国际交流促进会秘书处　钟沛林）

推进国际传播

习近平总书记强调，讲好中国故事，传播好中国声音，展示真实、立体、全面的中国，是加强我国国际传播能力建设的重要任务。传统上，国际传播媒介主要是各类大众媒体，在全球化步入多元文化共存共赢的新阶段，传播媒介也大大延伸。与其他传播主体相比，社会组织更接近民众、活动更多样、形式更灵活，因此作为开展国际交流合作的重要行为体，社会组织在推进国际传播方面也承担义不容辞的责任。2021年，社会组织在以下三个方面重点开展工作推进国际传播。

通过宣介批驳相结合，加强对华正确认知，提高国际传播影响力。中国社会组织在国际传播中注重理念引领，通过自身实践"现身说法"诠释中国思想力量和精神力量。在正面宣介的同时，针对个别国家污蔑抹黑进行坚决批驳，为推动共同构建人类命运共同体理念凝聚国际民间共识，营造对中国有利的良好舆论氛围。如，中国国际交流协会、中国人权研究会等中国社会组织积极联合国内外民间组织，就反对病毒溯源政治化、支持北京冬奥会等议题发表联合声明。北京市妇联、北京国际和平文化基金会等积极参与联合国人权理事会会议，广泛宣介中国经济社会发展和人权事业取得的历史性成就。中国少数民族国际交流协会、中国藏学研究中心在新疆、西藏等问题上深入揭批个别国家的人权劣迹，有力回击对我的污蔑指责。

通过深化文明对话，推动中国文化"走出去"，提高中华文化感召力。中国社会组织在国际传播中坚定文化自信，通过丰富传播形式、推出高质量传播产品、用好新媒体传播平台等，向世界阐释推介更多具有中国特色、体现中国精神、蕴藏中国智慧的优秀文化，在传播接地气、暖人心的中国故事同时，潜移默化地宣介中国主张、中国智慧、中国方案。如中外文化交流中心、中华文化促进会等积极开展各类文化推广活动。国家京剧院等多家文艺院团建立脸书、推特等海外社交媒体账号，传播中华优秀传统文化。"一带一路"共建国家出版合作体成员单位及时翻译出版发行各类体现中国优秀文化的出版物。新闻和媒体行业组织依托"一带一路"新闻合作联盟、"一带一路"媒体合作论坛、丝绸之路电视共同体高峰论坛等新闻合作机制，共同推动塑造可信、可爱、可敬的中国形象。高校、智库通过加强与国外同行业研究机构合作，开展课题研究、发布学术报告，加强理念沟通、促进理解共识，增强中国话语说服力和国际舆论引导力。

通过开展惠民行动，巩固民众对华好感度，提高中国形象亲和力。中国社会组织在国际传播中坚持深入基层，加快推进经济实用、当地急需的民生合作项目，以接地气、聚人心、拢民意的合作成果提升普通民众的获得感和满意度，对"授人以渔""雪中送炭"的中国形象起到潜移默化地传播和宣传作用，实现了良好的社会效应。中促会持续推进"丝路一家亲"行动，开展了300多个民生合作项目，推动中外民间组织建立近600对合作伙伴关系。作为职业教育合作的重要平台，鲁班工坊在13个国家落地生根，并成立鲁班工坊全国联盟。中华慈善总会、北京平澜公益基金会、中国残疾人福利基金会等组织开展人道主义援助项目，获得当地民众点赞好评，称赞中国是可以信赖的真诚伙伴和朋友。以中国和平发展基金会、中国扶贫基金会、爱德基金会等为代表的一批中国社会组织在海外设立办事处，与当地政府、媒体、普通民众面对面沟通，身体力行地展示了丰富多彩、生动立体的中国形象。

2021年，中国社会组织针对不同国家、不同区域、不同领域、不同群体受众的具体特点，积极开展国际交流合作，用好生动感人事例，采用外国受众容易接受的话语和表达方式，精准传播中国发展的生动实践，讲清楚人类命运共同体的理念主张、进展成效和世界意义，把中国故事讲得更加生动精彩，为中国改革开放发展营造良好的国际舆论环境。同时，社会组织充分发挥"走出去"的各方面资源、渠道、平台优势，推动外国政要、媒体记者、智库专家、企业家、知名人士等共同讲好中国故事，增强了国际传播的实效性。

一、中国宋庆龄基金会举办 2021 年东北亚青年可持续发展研习营

2021 年，习近平总书记两次给在华留学生回信，欢迎留学生多到中国各地走走看看，读懂中国共产党，更加深入地了解真实的中国，同时把自己的想法和体会介绍给更多的人，为促进各国人民民心相通发挥积极作用。为积极落实习近平总书记回信重要精神，中国宋庆龄基金会面向在华留学生组织东北亚青年可持续发展研习营活动，加深留学生对华认知，增进中外青年相互理解，提升国际视野，推动自身发展。

东北亚青年可持续发展研习营由中国宋庆龄基金会与韩国 SK 集团合作设立的 SK 青年幸福专项基金支持，是以"更好的自己 更好的世界"为宗旨的系列交流活动。2021 年，研习营以"绿色低碳 永续发展"为主题，于 9 月 13 日至 17 日、23 日至 28 日，分两阶段分别在海南、江西、山东、四川、北京五地举行。

▲ 2021年东北亚青年可持续发展研习营闭营式现场

　　在半个月的时间里，来自东北亚和"一带一路"沿线40个国家的200余名在华留学生、创业者及青年代表走访多个地方，开展多场参访和交流活动。在学习研讨中，营员们积极分享自己所见所闻和所思所学，用创新方法对当前面临的环境挑战提出解决方案。同时，不少营员随行制作短视频，记录参访点滴，通过社交媒体发布分享，并身体力行地成为绿色发展"推广大使"，为可持续发展贡献自己的力量。

　　通过研习营活动，各国留学生充分交流思想，感悟中国文化，表达对中国发展理念的看法。韩国留学生梁俊容、俄罗斯留学生阿琳娜在北京站活动后说，可持续发展是全世界的课题，需要各国共同参与和努力。通过此次活动深入了解了中国在可持续发展、多元文化并存、科技创新等方面成就。中国的可持续发展政策有机结合了共同富裕和促进投资目标，将给世界带来更多机会。刚果（金）留学生卡宁武等不少留学生还谈到，通过活动进一步了解了中国历史，深深地体会到中国追求的和平与发展是多么宝贵，更加深入地理解了一个国家只有通过艰苦努力、英勇奋斗才能真正实现发展。

活动激发了营员们勇担文化交流使者的热情，不少留学生表示，将把中国文化、中国方案积极介绍回国，促进本国学习借鉴中国经验。巴基斯坦留学生法迪在江西站活动后说，在参观中听到了许多红军战士的故事，看到普通百姓在政府的帮助下过上了好生活，也深切感受到了人们对中国共产党的感激之情。"作为一名在中国学习传统医学的学生，我将努力学好专业知识，把在中国学到的技能带回家乡、造福家乡人民。"约旦留学生李娜、孟加拉国留学生吴迪表示，中国地方政府将旅游开发和产业扶贫结合起来，带动人民致富，令人印象深刻。中国共产党带领中国人民脱贫致富的成就令人惊叹。同样作为发展中国家的学生，将来要把中国的扶贫减贫经验带回家，帮助家乡摆脱贫困。

二、中国公共关系协会协助敖汉旗申报入选联合国"可持续发展目标优秀案例"

习近平总书记指出，要善于运用各种生动感人的事例，说明中国发展本身就是对世界的最大贡献、为解决人类问题贡献了智慧。2021年，在中国公共关系协会的协助下，内蒙古赤峰市敖汉旗以"敖汉旗生态扶贫推动可持续发展：敖汉旗生态建设在实现可持续发展目标方面的经验"为题申报联合国"可持续发展目标优秀案例"评选，并成功入选。

联合国"可持续发展目标优秀案例"评选，是《联合国2030年可持续发展议程》确定以来，由联合国经济和社会事务部组织实施的全球公开征集评选活动，旨在选出践行可持续发展目标的良好做法和成功案例，并向全球推广，促进可持续发展目标的实现。敖汉旗案例是第二期464个优秀案例中，唯一一个以减贫脱贫为主题，讲述中国脱贫攻坚故事的案例。

敖汉旗案例基于当地脱贫攻坚的具体实践，通过为贫困户解决就业问题促增收，展现中国打赢脱贫攻坚战的决心；通过引进"蚂蚁森林"合作项目，展现中国绿色发展理念；通过国家生态补偿机制治理沙尘、改善环境，展现中国生态文明建设举措。案例将中国

▲ 敖汉旗四家子镇生态建设示范点村民喜获丰收

绿色发展和脱贫扶贫有机结合，鲜明突出了中国特色、中国优势、中国贡献、中国智慧，对推进国际传播、打造中国形象发挥了积极作用。

中国公共关系协会在助力案例申报的过程中，加强细致谋划设计，将中国共产党治国理政理念及具体实践深度融入申报文本之中，通过实地调研挖掘参评案例的闪光点。中国公共关系协会还邀请中央编译局具备较高政治素养和过硬专业能力、曾参与翻译《习近平谈治国理政》英文版的专家把关申报材料翻译工作，确保英文申报内容既符合国际语境，又准确展现中国特色和经验。联合国相关部门也为案例参评提供了大力支持和帮助。在各方共同努力下，形成了符合案例评选技术要求，具有较强评选竞争力的申报方案。

一方面，敖汉旗入选优秀案例提高了敖汉旗的国际知名度和经济软实力，助推敖汉旗产品走向世界，进一步打开国际市场、提高市场占有率，助力经济发展；另一方面，在联合国平台上呈现敖汉旗脱贫案例，使我国脱贫攻坚成就在国际舞台上进一步具象化，提高了中国可持续发展经验的可借鉴性，增进了国际社会对中国的了解。

下一步，敖汉旗案例将进入联合国可持续发展在线数据库，并以联合国数字出版物方式发行。通过在联合国平台积极宣传敖汉旗案例，面向全世界讲好中国绿色发展和脱贫故事的同时，再次塑造了中国共产党以人民为中心的执政理念和中国负责任大国形象，成为传播好中国声音、讲好中国故事的有力实践。

（中国民间组织国际交流促进会秘书处　袁昊）

搭建平台网络

平台网络具有资源整合、信息共享、规模效应、品牌推广等优势，能够为社会组织开辟更多合作渠道，创新合作模式，渐渐成为社会组织开展国际交流合作的重要载体。2021年，中国社会组织或自主搭建或主动加入各式各样的平台网络，发展较为迅速，极大地增强了国际影响力和感召力。综观现有的平台网络，主要呈现以下几种发展模式：

互助自主型发展。平台网络由建立在"信任和良好关系，而非规则"基础上的社会组织汇聚组成，通常以松散的组织形式实现快速增长。主要包含两种类型：一是专业领域社会组织围绕特定议题搭建的网络，如由世界各国运河城市和相关经济文化机构自愿结合而成的世界运河历史文化城市合作组织。二是社会组织为倡导共同理念聚集起来开展各类交流合作的网络，如拥有82个国家的218家团体成员的丝绸之路国际总商会。

政策支持型发展。平台网络在政策扶持下，人才、资金、项目等资源较为充沛，综合实力较强，发展较为迅猛。如世界针灸学会联合会拥有近70个国家和地区的253家团体会员，涵盖全球40多万名中医药针灸专业人员，在中医药针灸学术交流、教育培训、标准制定、水平考试等方面搭建起多层次合作网络。

研究导向型发展。平台网络主要依靠高校、智库、科研院所等机构力量，对某些领域进行深度研究，并通过适当方式向有关部门积极建言献策。如"一带一路"国际科学组织联盟吸纳沿线国家数十家科研机构、大学与国际组织作为成员单位，在加强科技创新政策和发展战略对接、开展重大科技合作、培养创新创业人才、提升科技创新能力等方面发挥了重要的平台作用。

整体而言，2021年社会组织搭建的平台网络在以下五个方面取得明显进展：

一是核心理念和诉求进一步明确。平台网络的目标更加契合成员组织发展诉求，能够减少成员组织因目标、利益、自身实力等方面的差异产生的分歧，推动塑造身份认同，进一步扩大共识圈。中国青年应对气候变化行动网络（CYCAN）积极倡导全球气候治理理念，动员大量具有相同理念的组织及人士投身气候变化应对及环境保护工作。2021年，中国青年应对气候变化行动网络发布《中国青年气候意识与行为调研报告》，派员加入中国青年代表团参加第 26 届联合国气候变化大会，介绍中国应对气候变化进展，分享中国青年应对气候变化的实践和经验。

二是内部核心力量主导作用进一步凸显。平台网络的核心力量更加强化，决策层根据宗旨目标设置发展规划，通过完善层级管理模式统筹成员组织开展合作，协调更为有力，确保工作有效推进。中国人民对外友好协会积极发挥统筹作用，协调地区友协、国别友协、国内地方友协围绕协会目标相互协作，不断促进中外交流，发展中外民间友好力量。2021 年，全国友协联合成员组织举办"友好日"活动，邀请 69 个国家在华各界友好人士参加，增进中外人民"民相亲、心相通"。

三是调动成员组织的手段进一步丰富。平台网络打破单个组织的边界限制，使资源得以在网络内部自由流动。通过整合成员组织诉求、优化调配资源，共享机遇和共迎挑战，形成利益共同体，成员组织的获得感进一步增强。2021 年，新冠肺炎疫情持续肆虐，丝绸之路沿线民间组织合作网络秘书处积极统筹调配资源，向外方成员组织捐赠抗疫物资、交流抗疫经验，发放"健康爱心包"等，增强了成员组织的凝聚力和向心力，提升了平台网络的适用性和黏性。

四是与各方开展合作的方式更加灵活。平台网络积极争取外部资源支持，与国际机构或政府开展协作，借助政府间双多边合作框架，提供公共服务，配合实施国别海外发展计划，促进国际公共产品需求与供给更加精准对接。中国扶贫发展基金会积极响应国家"一带一路"倡议，通过海外机构持续开展扶贫公益项目，传递中国减贫经验，讲好中国故事。2021年，中国扶贫基金会在缅甸、柬埔寨、埃塞俄比亚等国继续实施"国际爱心包裹"项目，并荣获"第二届全球减贫案例征集活动"最佳减贫案例。

五是更加注重品牌形象，国际传播能力进一步增强。平台网络更加重视运用各类媒体开展宣传，抓住热点问题集体发声，不断增强舆论斗争的主动权；对国际规则更加熟悉，更为有序有效参与国际事务，不断增强影响力。2021年3月，中国网络社会组织联合会派代表参加联合国人权理事会第46届会议，积极宣传中国通过加快推进立法工作，在尊重和保障个体隐私权方面取得的成就，揭露并抨击美国维护其全球霸权的一系列严重侵犯隐私权的丑闻。

新时代为中国社会组织走向世界舞台提供了前所未有的机遇。我国社会组织宜抓住时机，以构建人类命运共同体为使命，加快构建社会组织国际网络，广泛开展国际交流，加大惠民工程及"小而美"项目建设，不断充实合作内容、扩大合作范围，在全球公共产品增量改革中延展国际合作空间，打通各国民众交流合作的"最后一公里"，深化民众之间、社会之间的理解和信任，最终形成全球性的民间社会伙伴关系，实现各国社会之间的有机互联和民心相通。

一、世界针灸学会联合会举办虎年"针连世界"全球中医针灸网络春晚

世界针灸学会联合会（以下简称"世界针联"）由中国方面牵头，在世界卫生组织的指导下于 1987 年 11 月成立，总部设在中国北京。世界针联是我国牵头成立的第一个国际组织。1998 年与世界卫生组织建立正式工作关系，2010 年成为国际标准化组织中医药技术委员会（ISO/TC249）A 级联络组织，2019 年获批联合国经社理事会特别咨商地位。截至 2021 年年底，世界针联共有团体会员 253 个，分布在近 70 个国家和地区，代表全球 40 多万名中医药针灸专业人员。成立 30 多年来，世界针联致力于推动中医药针灸在国际上的传播与发展，搭建起中医药针灸学术交流、教育培训、标准制定、水平考试、人文互动等多层次合作交流网络。

2021 年年底，为进一步增进团体会员间的交流合作，增强组织的凝聚力和向心力，更好发挥组织的平台作用，同时深化团体会员之间的感情，世界针联举办了首届"针连世界"全球中医针灸网络春晚。

第一，广泛动员，激发团体会员积极性。世界针联秘书处充分发挥核心力量作用，通过多种方式面向全球的团体会员、工作委员会等下属机构的基层针灸工作者征集节目，同时鼓励大家参与筹备

工作。经过筛选，秘书处最终确定了由美国、加拿大、西班牙、瑞士、澳大利亚、菲律宾等国团体会员和工作委员会报送的 22 个节目，并指定专人与相关团体会员和工作委员会对接，对节目内容和形式进行指导把关，在中国农历新年（春节）期间面向全球在线推出，让全球中医药针灸工作者和热爱针灸事业的朋友们，通过网络欢聚一堂，共度新春佳节，共话针灸合作。

第二，精心编排，展现团体会员风采。秘书处根据"晚会要营造出全球同庆中国传统节日、共度新春佳节的欢乐氛围，更要成为广大中医针灸工作者展示才艺、交流思想的平台，以及世界各地民众了解中医知识和中国文化的窗口"的定位，对活动进行精心组织。晚会以中英文双语主持，内容贴近生活，分为"暖若安阳新春意""砥砺奋进始向前""虎啸杏林传天下"三个篇章，涵盖歌曲、舞蹈、器乐、武术等多种形式，还有经典诵读、动漫演绎等创新节目表演。无论是优美潇洒的太极剑、诙谐幽默的小品，还是柔美灵动的舞蹈，在为大家带来美的享受的同时，更是展现了团体会员齐心协力传承中医文化和当代针灸人的精气神。

第三，做好传播工作，增强品牌影响力。为了扩大活动覆盖范围、放大活动效应、增强传播效果，秘书处通过海内外社交媒体对晚会进行直播和报道，吸引了全球团体会员及热爱针灸人士的广泛关注和好评，来自世界各地的观众积极收看、转发分享，线上总互动量约 10 万人次，还有很多民众线上发表评论，表达对晚会的支持喜爱，以及对中医针灸的热爱与信心。

总体来看，世界针联举办的此次晚会既密切了团体会员间的友好交流，增进了彼此间的友谊，有效激发团体会员的积极性和主动性，同时增强了品牌影响力，通过人们喜闻乐见的全新形式普及中医针灸知识文化，扩大中医针灸传播范围，成为中医药类社会组织搭建平台网络、凝聚成员合力、助力构建人类卫生健康共同体的一次生动实践。

二、中华医学会助力"中巴医学走廊"建设

作为中国医学科技工作者自愿组成并依法登记的学术性、非营利性社会组织，中华医学会是发展我国医学科学技术和卫生事业的重要社会力量。中华医学会拥有近 70 万名会员、89 个专科分会、478 个专业学组，加入了 42 个国际性、区域性医学组织，并与 47 个省、自治区、直辖市以及副省级城市地方医学会保持着密切的合作。学会出版发行 191 种纸质、电子系列医学期刊，每年主办、承办近 200 个国际国内医学学术会议。

为响应"一带一路"倡议，进一步深化中巴经济走廊建设，中华医学会和巴基斯坦医学会签署了关于共建"中巴医学走廊"的合

▲ 中华医学会等向巴基斯坦旁遮普拉合尔SOS儿童村捐赠"健康爱心包"

作备忘录。作为"中巴医学走廊"的组织者、协调者和建设者，中华医学会和巴基斯坦医学会携手推进"中巴医学走廊"建设不断向纵深发展，中巴两国医学学术交流与合作日益活跃。

一是合作开展物资捐赠。中华医学会积极争取各方资源支持，与中促会、中华慈善总会、巴基斯坦医学会合作，于2021年12月向巴基斯坦旁遮普省拉合尔SOS儿童村（致力于关照孤儿和被遗弃儿童的社会福利组织）捐赠2000份"健康爱心包"，助力当地民众抗疫。巴基斯坦多家媒体、中国驻拉合尔总领事馆、中国经济网等对此项活动进行了宣传报道。拉合尔SOS儿童村主任布特专程致信中华医学会，感谢中国对巴基斯坦儿童的关心和照顾。

二是合作举办论坛、学术会议。中华医学会与巴基斯坦医学会合作举办了第一届中巴医学大会、第一届中巴肝病论坛、南亚区域合作联盟骨科大会、中巴眼科学术论坛、"一带一路"医学学会论坛暨第二届中巴医学大会、"新冠肺炎防治中国经验交流网络研讨会""医学期刊网络研讨会"等活动。其中，"一带一路"医学学会论坛暨第二届中巴医学大会吸引了哈萨克斯坦医学会、斯里兰卡医学会、缅甸医学会、泰国医学会、保加利亚医学会、英国医学会、美国医学会等国外医学组织，法国梅里埃基金会、上合丝路协同创新发展基金会等非政府组织参加。举办论坛、学术会议，进一步拓宽了合作途径，增进了各国医学会间的理解，有力助推"健康丝绸之路"建设。

三是合作开展学术交流及医疗救治公益活动。中华医学会积极推动中巴医学界各领域学术交流与务实合作。中华医学会与巴基斯坦医学会及卡拉奇眼科学会共同合作，组织专家参加第38届巴基斯坦卡拉奇眼科学会年会暨中巴眼科论坛活动，促进两国眼科专家的学术交流。此外，中华医学会协调"健康快车"开进巴基斯坦卡拉奇，9名中国眼科专家在10天时间里为529名巴基斯坦白内障患者实施手术，使他们重获光明，得到巴当地媒体的热烈报道，受到了巴当地社会的广泛赞誉。2021年，中华医学会邀请巴基斯坦医学会陆续参加中共中央对外联络部组织召开的新疆专题宣介会、联合国人权理事会边会和中国共产党与世界政党领导人峰会等活动，并推荐麻醉等多个分会专家接受中国经济网采访，在巴基斯坦官方媒体陆续发表了10篇英文文章或通讯，作为中巴建交70周年的献礼。"七一"前夕，巴基斯坦发来祝贺中国共产党建党百年的贺信，有力地佐证了中华医学会推动中巴两国民心相通工作取得的成效。

"中巴医学走廊"有力地推动了中巴医学科学研究与诊疗技术的进步、医务人员往来、民心相通和民意相融，为中巴心心相印、世代友好的兄弟情谊发挥了积极作用。第三届中巴医学大会暨第35届巴基斯坦医学会双年会于 2022 年 11 月 11—13 日在巴基斯坦拉合尔召开，为巩固中巴友谊作出更大贡献。

（中国民间组织国际交流促进会秘书处　黄森）

推进海外设点

近年来，随着"一带一路"建设深入推进、中国社会组织国际化水平不断提高，一些社会组织在推动资金、项目和人员"走出去"的基础上，开始探索在对象国依法注册，设立海外分支机构或代表机构并派遣常驻人员。海外机构作为社会组织在境外独立运作的平台，为国际项目的本土化运行和可持续发展提供重要支撑，标志着中国社会组织国际化进入新阶段。

2006 年，中国儿童少年基金会在英国伦敦成立分支机构，成为中国社会组织设立的首家海外机构。2015 年起，中国扶贫基金会先后在缅甸、尼泊尔、埃塞俄比亚设立办公室。2017 年，中国和平发展基金会在柬埔寨设立办事处，同时推进缅甸办事处注册。北京平澜公益基金会于 2019 年起先后设立驻柬埔寨、黎巴嫩、津巴布韦、瑞士办公室。其他开设海外机构的社会组织还有爱德基金会、公羊会、北京市光华设计基金会、甘肃彩虹公益服务中心、瑞丽市妇女儿童发展中心、昆明云迪行为与健康研究中心、西藏善缘基金会等。

当前设有海外机构的中国社会组织数量有限，以上述国际化经验相对丰富的社会组织为主。相较于大型国际组织设点的经验和规模，中国社会组织海外设点起步较晚，法律政策和资金支持尚少，整体仍处于探索阶段。即便如此，已设立的海外机构积极推动国际民间交流合作，主动参与全球治理，以蓬勃的生机活力，展现出未来中国社会组织国际化发展的新趋势。

当前中国社会组织海外机构总体分布在"一带一路"沿线特别是东南亚、南亚和非洲等地，柬埔寨、缅甸、尼泊尔、埃塞俄比亚等发展中国家是社会组织设点最为集中的地区。上述地区的海外机构主要围绕扶贫、教育、医疗、人道主义救援等领域开展民生公益项目，推动当地经济社会发展。此外，还有少数社会组织在国际非政府组织活动频繁的欧洲设点，主要开展国际交流和多边活动。

中国社会组织设立海外机构呈现出以下工作特点。

一是因地制宜，注册和运行模式多样化。世界各国政治形势和社会条件不同，对国际非政府组织注册规定各异。设立海外机构的中国社会组织，均对当地法律法规和国情社情进行了深入调研，因地制宜灵活探索运作模式，在组织架构、办公条件、资金渠道、人员派驻上展现出多元化特点。

二是厚积薄发，选择项目基础较好的国别设立办公室。设立海外机构的社会组织，一般在对象国有一定项目和人脉积累，获得良好社会声誉，同时具有进一步扩大项目规模的需求。扎实的海外项目基础，为海外机构顺利注册和运行提供便利，成为目前社会组织在海外设点的重要考虑因素。

三是协同奋进，开展信息共享和协调互动。一些设立海外机构的社会组织积极开展经验总结和信息共享，协助其他社会组织和中资机构赴对象国开展国际活动。在同一国别设立海外机构的社会组织密切沟通协调，为彼此开展的项目提供支持，推动实现社会效益最大化。

经过几年的积极探索，中国社会组织海外机构成效显著，逐渐成为中国民间力量践行全球发展倡议、展现国家良好形象的重要途径。

国际项目质量有所提高。海外机构显著提升了社会组织开展对象国社会需求调研的能力，国际项目规模更大、数量更多、周期更长、辐射范围更广、针对性更强，项目可持续性显著提高，有效助力当地社会发展和民众生活改善。

国家间关系的民意基础更为牢固。海外机构长期扎根对象国，深入社会基层，同普通民众广泛接触，积极展现中国善意，加深民间对华了解，赢得当地政府和民众的赞誉，为我树立良好国家形象、增进民心相通发挥积极作用。

中国治理经验得到有效传播。海外机构坚持软硬结合，通过开展扶贫示范、环境保护、疫情防控经验分享等活动，结合当地实际，将中国成功治理理念和经验传递出去，为实现《联合国2030年可持续发展议程》目标贡献了中国智慧和中国方案。

深入参与国际非政府组织活动。海外机构利用地理位置优势，积极同其他国际非政府组织开展多边交流与合作，讲好中国在全球事务中的贡献，逐步提高中国民间力量在全球治理中的参与度、代表性和影响力。

一、中国和平发展基金会海外办事处

中国和平发展基金会自成立以来，先后在柬埔寨、老挝、缅甸、蒙古国、坦桑尼亚等30多个国家开展了近80个惠民项目,涉及医疗、教育、职业培训等领域。2017年起，中国和平发展基金会选择项目基础较为扎实的柬埔寨、缅甸两国，设立海外办事处，开启国际化进程新的探索。

（一）驻柬埔寨办事处

中国和平发展基金会在柬埔寨拥有良好的项目基础，自2012年起，在柬埔寨共援建了15所中小学校舍、1所医院、1座小型农业灌站、1个大型清洁饮用水项目，捐赠了一批医疗救护车和部分医疗设备，总援助额超过 330 万美元，约 40 万柬民众从中受益。中国和平发展基金会还同柬埔寨民间社会组织联盟论坛及柬教育青年体育部、卫生部等建立了良好合作关系。2018 年 2 月，柬政府授予中国和平发展基金会"王家莫尼萨拉潘最高勋章"，以表彰其为柬社会发展作出的积极贡献。

柬埔寨是共建"一带一路"的重要国家，中柬两国关系长期保持着健康稳定发展的态势。为积极服务"一带一路"建设，巩固项目基础、扩大规模效益，中国和平发展基金会选择柬埔寨开展试点工作，于 2017 年 9 月同柬政府签署合作备忘录，成功挂牌第一家海外办事处。2019 年 7 月，第一批工作人员派遣到位，正式启动办事处运行。2021 年 11 月，办事处完成人员轮换，逐步实现长期化和规范化发展。

驻柬办事处成立后，中国和平发展基金会积极推动对柬项目深化发展，创新性开展了"中柬友好扶贫示范村"、"丝路之友"学校援建、中柬友好中文演讲比赛、抗疫捐赠、澜湄国家媒体高级研修班等项目，涉及教育、扶贫、卫生等多个领域，项目综合性、可持续性得到显著提升。

中柬扶贫示范村是驻柬办事处开展的标志性项目，也是中柬两国社会组织合作开展的最大规模公益项目。2019 年，中国和平发

▲ 达弄村村民喜迎扶贫示范村开工

展基金会同柬埔寨民间社会组织联盟论坛签署合作协议，计划在柬茶胶省巴蒂县达弄村开展脱贫减贫工作，帮助村民摆脱贫困、提高生活水平。项目分三期，计划开展修建道路、住房、供水等基础设施，建立医疗卫生中心，扶持种植、养殖、手工等农村产业，开展村庄环境治理和职业培训等。2021 年 1 月，项目正式启动，驻柬办事处走在协调项目开展的第一线，推动实施道路、太阳能路灯、住房、供水等基础设施修建，以及蔬菜种植、家禽养殖等农村产业扶植等工作。项目计划将中国扶贫经验同柬当地实际结合起来，把该村建设成为象征中柬友谊的示范村，带动柬其他贫困地区的发展。

柬埔寨疫情暴发后，驻柬办事处充分发挥一线优势，摸清柬民间抗疫需求，推动完成大量防疫物资和卫生用品的捐赠工作，为柬埔寨疫情防控贡献积极力量。2020 年，作为"丝路一家亲"民间抗疫共同行动的重要环节，中国和平发展基金会和腾讯公益慈善基金会合作，向柬捐赠 20 万只医用口罩、约 8000 件医用防护服和中药制品。驻柬办事处积极协调物资运输、清关与捐赠，保障捐赠物资到位。2021 年，驻柬办事处又完成 10 台空气净化器和大量口罩、防护服的捐赠工作，并联系中国银行金边支行向柬方捐赠弥雾机、药品等物资。驻柬办事处在疫情中逆风前行，展现了中柬两国守望相助、肝胆相照的患难真情，得到了柬政府、民众和在柬华人的好评。

在"丝路一家亲"民间抗疫共同行动中，驻柬办事处还与其他中国社会组织密切合作，推动中国抗疫民间力量形成合力，进一步提升援柬项目的社会效益，展现了中国社会组织的良好形象。2020年 4 月 28 日至 5 月 12 日，在中国民间组织国际交流促进会的支持下，驻柬办事处协助中国蓝天救援队援柬分队一行十人，入柬开展了为期 15 天的新冠肺炎疫情消杀作业和人员培训活动。这一行动规模大、时间长、效果好，受到了柬政府、军警、民众以及在柬华人华侨的高度赞扬。此外，驻柬办事处还与北京平澜公益基金会等合作举办"COVID-19 诊断与预防"主题线上交流会，为柬非政府组织、医疗机构、在柬华人华侨和媒体人士等介绍新冠肺炎基本知识

和防控措施。驻柬办事处还积极协助中华慈善总会、中华全国总工会等组织向柬方合作伙伴捐赠抗疫物资。

（二）驻缅甸办事处

缅甸是共建"一带一路"的重要国家，中缅两国胞波情谊源远流长。自 2011 年以来，中国和平发展基金会在缅甸开展"光明行"义诊、急救医护人员培训，援建 18 所"丝路之友"学校校舍，累计投入约 2600 万元人民币，还同缅甸光明基金会、内欧基金会等当地民间组织建立了良好合作关系。

2020 年 1 月，中国和平发展基金会派出两名工作人员赴缅工作，积极筹备在缅注册办事处事宜。两年来,驻缅办事处始终坚守岗位,克服新冠肺炎疫情和缅甸政局变化带来的影响,在推进注册的同时,积极开展一系列民生公益项目,改善缅民众生活水平,持续扩大中国和平发展基金会在缅社会影响,也让缅基层民众切身感受到了来自中国民间的善意。

驻缅办事处积极推动中国和平发展基金会"丝路之友"学校品牌项目在缅开展,完成并验收伊洛瓦底省博葛礼镇甘贡小学、仰光省坦德宾镇耶芬宇小学援建校舍,进一步改善了缅农村地区学校教育基础设施。项目得到了当地媒体的积极报道,进一步提升了"丝路之友"品牌在缅甸社会的影响力。

新冠肺炎疫情暴发初期,驻缅办事处向缅甸合作伙伴及时发送新冠肺炎诊疗方案的英文版,分享疫情防控和诊疗经验。在"丝路一家亲"民间抗疫共同行动中,驻缅办事处积极发挥作用,推动中国和平发展基金会向缅捐赠的152万只医用外科口罩、3900套医用防护服、10 000副护目镜和1000把红外额温枪等价值75万元人民币的防疫物资成功落地,并送到当地一线医护人员、教师等手中。中方捐赠的这批口罩还为因疫情而停滞的缅甸高考阅卷工作保驾护航,保障阅卷及时进行,解决了缅甸师生的燃眉之急。

2021年,驻缅办事处协同多家缅甸合作伙伴、中资机构,在仰光新城开展大米捐赠项目。9月11日和28日,驻缅办事处分别在仰光新城的九文台镇区赛克吉村、纳辛村开展大米和防疫口罩公益捐赠。此次捐赠大米近1000袋，解决了当地320户家庭的燃眉之急。在驻缅办事处的带动下，缅甸中国企业商会、中缅经济合作发展促进会等积极调动在缅中资企业的力量，践行企业社会责任，赢得缅民众积极肯定，也为在缅中国民间力量开展社企合作探索了新道路。

二、北京平澜公益基金会海外机构

北京平澜公益基金会于2019年起，先后在黎巴嫩、柬埔寨、津巴布韦、瑞士四国设立海外办公室，并以此为依托深入开展海外民生公益、国际人道救援及环境领域的交流合作，海外影响力和知名度不断提升，取得了良好的国际效益。

（一）黎巴嫩办公室

黎巴嫩是叙利亚内战难民的主要接收国之一，当地叙利亚难民大多缺乏经济来源，生活贫困。针对上述情况，北京平澜公益基金会在黎巴嫩开展了叙利亚难民援助项目，并于2019年7月在贝鲁特设立办公室，派遣常驻人员一名，还有数十名中国志愿者通过线上和线下方式协助开展志愿工作。黎巴嫩办公室同当地社会组织密切合作，在贝鲁特的两座难民营、东部贝卡谷地和北部阿尔萨地区，开展妇女赋权、青少年教育、儿童小额爱心助养、紧急人道主义援

▲ 黎巴嫩办公室向当地发放抗疫爱心包

助等项目。办公室还为难民妇女提供缝纫课培训、中文培训，帮助妇女了解中国市场，打通手工艺品销路；为难民青少年提供英文教育；针对十岁以下贫困、残障难民儿童提供每月 40 美元的资金援助；在新冠肺炎疫情期间进行预防培训和抗疫物资发放。黎巴嫩发生大爆炸后，办公室还协助叙利亚难民和当地民众开展了受损房屋修理工作。截至目前，黎巴嫩办公室开展的人道主义项目已使当地数千人受益。

（二）柬埔寨办公室

柬埔寨历史上饱受战火，深受未爆地雷之害，严重影响民众生命安全和土地有效使用。柬埔寨政府计划至 2025 年实现无雷患战略目标。北京平澜公益基金会与柬埔寨地雷行动与救助受害者机构合作，并于 2019 年 7 月在柬埔寨设立办公室，派驻常驻工作人员一名，重点开展排雷工作。截至目前，柬埔寨办公室已成功排出地雷 200 余颗，确保了 70 公顷土地的安全。办公室还推动在排雷后的安全土地上开展生计发展项目，帮助当地民众修建鱼塘、发展养殖业，为当地人创造更多收入。

（三）津巴布韦办公室

非洲大陆盗猎猖獗，每天有超过 100 头大象死于盗猎者的枪口。津巴布韦的马纳波尔斯公园总面积超过 2000 平方千米，但整个国家公园仅雇有 50 名巡逻员，人手严重不足，反盗猎工作面临困难。北京平澜公益基金会自 2015 年起，在非洲开展了六期反盗猎行动，并于 2019 年专门成立津巴布韦办公室。在办公室的支持下，中国志愿者团队携带动力三角翼、橡皮艇、夜视仪等先进装备，带领当地护林员驾驶动力三角翼进行空中巡护、使用橡皮艇进行水上巡逻，提升了当地反盗猎工作的科技水平和行动实效，有效打击了当地盗猎行为，也为保护非洲生物多样性、促进人类可持续发展作出了积极贡献，树立了良好的中国形象。

（四）日内瓦办公室

随着国际化程度的日益提升，2021 年 5 月，北京平澜公益基金会在国际组织集中驻扎的瑞士日内瓦设立办公室，开展国际人道和环境领域的交流合作。日内瓦办公室积极参与联合国人道主义及环境保护问题相关机制活动，同国际组织、国际非政府组织建立联系、开展合作。办公室还围绕人道和环境领域主题举办相关会议和活动。

通过设立海外机构，北京平澜公益基金会进一步扎实推进国际人道主义合作，有效结合所在国国家发展战略，解决当地社会最迫切的发展难题，为实现《联合国2030年可持续发展议程》目标积极贡献力量，也在国际民间社会为中国树立起良好的国家形象，展现了来自中国民间力量的专业能力和善意。作为一家年轻的组织，北京平澜公益基金会在短短几年内蓬勃生长，不断做大做强国际项目品牌的同时，还在国际非政府组织活动中发出来自中国民间的声音，让中国社会组织"走出去"受到国际社会更多关注。

（中国民间组织国际交流促进会秘书处 姚驭文）

加强党建引领

习近平总书记指出，社会组织面大量广，加强社会组织党建十分重要。加强社会组织国际交流合作的党建引领既是社会组织参与国际交流合作的必然要求，也是全面从严治党的题中应有之义。2021 年是中国共产党成立 100 周年，中国社会组织坚持以习近平新时代中国特色社会主义思想为指导，将学党史与办实事、强党建紧密结合，牢固树立"四个意识"，坚定"四个自信"，做到"两个维护"，以习近平总书记关于加强社会组织党建的重要论述为根本遵循，积极进行党建引领国际交流合作的理论和实践探索，涌现出许多鲜活案例，积累了大量宝贵经验。

深入学习宣传贯彻习近平新时代中国特色社会主义思想。一是重点学习习近平外交思想，特别是习近平总书记关于全球治理的重要论述，结合实际打通线上线下相结合的学习渠道，在学习中为现实问题找滋养、找答案，将学习成果转化为推动国际交流合作的思想和行动自觉；二是发挥民间外宣优势，积极宣传习近平新时代中国特色社会主义思想的世界意义，宣传我国经济社会发展成就，润物无声讲好中国故事、中国共产党故事；三是守土有责、守土尽责，加强媒体、论坛、研讨会管理，自觉抵御西方意识形态的渗透侵蚀。

坚持党管方向，党管大局，切实维护国家核心利益和制度安全。一是提高政治站位，紧密服务中国共产党与世界政党领导人峰会等重大外交活动；二是积极参与共建"一带一路"，立足自身优势，围绕维护国家利益、助力国家战略，在"一带一路"共建国家和地区积极开展交流合作，促进民心相通、夯实民意基础、展示中国形象；三是严格把关社会组织"走出去"项目，将党建引领贯穿"走出去"国别选择、项目设计、活动开展等实施全过程；四是加强社会组织境外分支机构管理，做好工作人员思想政治工作，教育和关爱并重，党中央倡议的坚决响应，党中央决定的坚决执行，党中央禁止的坚决杜绝。

发挥党员先锋模范作用，创新组织设置。一是党建在国内，发力在国外，始终牢记党员身份，坚定理想信念，推动社会组织党组织从有形覆盖向有效覆盖转化；二是实践中积极探索抓住"关键少数"——社会组织负责人和党组织负责人和靠"关键少数"来抓的实现路径，推动社会组织决策管理层与党组织领导班子之间双向进入、交叉任职；三是积极探索"互联网＋党建"新模式，优化党建活动平台，提升海外特色党建工作成效。

加强廉政建设和风险评估，确保政治安全。一是在社会组织"走出去"的过程中站稳政治立场，严格遵守相关外事和保密规定；二是在日常工作中加强底线思维、提升风险意识，严格遵守当地法律法规，确保在当地立得住、站得稳、驻得久；三是对社会组织"走出去"过程中可能存在的政治风险、财产和人员风险全面梳理检查，定期评估，保证在外部环境日益复杂的情况下能够有序开展国际交流合作；四是加强制度性安排，如政治培训机制、监督落实机制、效果评估机制、突发应急机制等。

一、北京市民间组织国际交流促进会等社会组织共同主办"平等与发展——女性·家庭与美好生活"云对话

2021 年是中国共产党成立 100 周年，北京市民间组织国际交流促进会以"5·15 国际家庭日"为契机，联合北京市妇女联合会、北京民合国际交流基金会和北京婚姻家庭建设协会在怀柔区渤海镇北沟村共同主办了"平等与发展——女性·家庭与美好生活"云对话，以北沟村国际村建设为窗口，邀请俄罗斯、日本、斯里兰卡、牙买加、毛里求斯、尼泊尔、古巴、荷兰等十多个国家的驻华使节、外籍专家、国际家庭和国际组织代表等百余人到北沟听党的故事，

▲ "平等与发展——女性·家庭与美好生活"云对话在北沟村开展

见证北沟乡村振兴建设成就，感受中国共产党带领人民群众过上美好生活的丰硕成果，用"平等与发展"这一国际共同关心的话题向国际社会阐述人类命运共同体理念。

云对话期间，与会中外嘉宾在全国人大代表、北沟村党支部书记王全的陪同下考察了北沟村旅游产业、社区养老模式，与北沟村妇女组织代表和落户北沟村的国际家庭深入交流，实地体会了北沟村在国家乡村振兴政策的支持和当地先进党员干部的带领下，因地制宜促发展，大力推动家庭文明建设和社会和谐，从贫困村转变为富裕的国际村，过上美好生活的幸福图景。

人民日报、人民网、中国网、经济日报、科技日报、中国妇女报、北京日报、北京卫视、北京头条、千龙网、中国农业网、北京城市广播等媒体通过文字、广播、电视等形式全方位报道了云对话活动。

二、北京市志愿服务联合会以党建引领国际志愿服务人才培养

北京市志愿服务联合会（以下简称"北志联"）围绕中心、服务大局，紧跟国家总体外交布局，深入开展国际志愿服务合作项目，稳步推进北京国际志愿服务事业拓展。

2021年，北志联聚焦国际志愿服务人才培养体系建设，将党建工作贯穿始终，在选派青年志愿者赴联合国驻华机构开展志愿服务、举办国际志愿服务人才储备培训、走进高校开展巡讲等各项工作中均充分发挥党建工作在科学决策、方向指引、统筹各方上的重要作用。

▼ 北志联举办2021年国际志愿服务人才储备培训班

在全球新冠肺炎疫情背景下，北志联以深化15年联合国志愿服务合作项目为基础，创新拓展国际志愿服务。与首都高校建立合作机制，从人才培养、选拔、推荐等方面与高校思政工作紧密配合，加强思想引领和理论指导，实现选派志愿者的政治素质与综合素质"双达标"，党团员比例达到90%以上。

北志联积极开展人才储备培训，科学设计培训课程，强化对党和国家政策的解读。2021年，北志联创新采取直播授课、分组实训、慕课学习相结合的教学方式，邀请国内外志愿服务专家进行授课，内容包括乡村振兴、人类命运共同体等专题课程，以及中国和北京志愿服务的通识培训等，并通过引入全球胜任力、融媒体宣传和国际志愿服务案例实训着力提升国际交往能力，为每一名学员配备《"一带一路"民心相通故事汇》《中国特色志愿服务理论体系丛书》等学习读物。其间，北志联录制播出"老党员为我讲党史"系列视频，让学员们通过一个个鲜活的故事，在党史中汲取力量，从党史中学习经验，更加坚定"四个自信"。

北志联积极倡导走进高校，走到青年身边，将党的旗帜、团的关怀带到青年志愿者中间。围绕青年成长发展的需要，搭建平台、链接渠道、开设专项研究课题，让更多青年人通过参与国际志愿服务交流与合作开阔眼界、增长本领，深刻学习和领悟中国特色志愿服务的基本路径和价值追求，精心讲好中国故事、北京经验。仅一年时间，北志联已形成一支百余人的国际志愿服务骨干队伍，其中，党团员占比约 70%。

（中国民间组织国际交流促进会秘书处　朱磊）

第三篇

社会组织国际交流合作的规划与展望

抓住新机遇 作出新贡献

中国民间组织国际交流促进会秘书处

习近平总书记指出，民间组织是推动经济社会发展、参与国际合作和全球治理的重要力量。我国社会组织近年来在开展国际交流合作的过程中锻炼了队伍、取得了成效、积累了经验。面对百年变局与世纪疫情相互交织的国际形势，身处我国向第二个百年奋斗目标阔步前进的关键时期，我国社会组织要认清形势，抓住机遇，练好内功，补足短板，抵御风险，更加积极、稳妥、有序开展国际交流合作，为我国民间外交和"一带一路"民心相通作出应有贡献，更好地服务于建设社会主义现代化强国和中华民族伟大复兴这一目标。

一、新形势下社会组织开展国际交流合作前景广阔

第一，从时代需要看。社会组织是我国参与全球治理的重要主体，社会组织开展国际交流合作是落实国家发展战略的重要渠道。新形势下，社会组织开展国际交流合作肩负着贡献中国方案、提高援助效率、推动民间外交的光荣使命和艰巨任务，是国家交往和政府援助重要、有益的补充，是新时代中国特色社会主义事业发展的需要。

第二，从政策扶持看。2021年10月1日正式施行的《对外援助管理办法》翻开了国内社会组织参与对外援助的崭新一页，为国内社会组织提供了制度空间。国家国际发展合作署将加强顶层设计，会同有关部门建立有关工作机制。全球发展南南合作基金等政策工具将不断丰富。社会组织从事对外援助人员的福利待遇等多方面保障等也将不断得到国家政策的鼓励和支持。

第三，从发展基础看。一方面，随着中国经济实力、科技实力和综合国力的大幅提升，社会组织开展国际交流合作的经济基础不断完善，工作更有"底气"和支撑；另一方面，社会组织秉持"协和万邦""天下大同"的中国优秀传统文化理念，在交流合作中不附加任何政治条件和商业捆绑，实实在在为当地民众谋福祉，受到对象国的欢迎和称赞，开展国际交流合作的国际基础也更加坚实。

第四，从社会组织实践看。社会组织开展国际交流合作的范围

不断扩大、领域逐步拓宽、方式不断创新。中国在扶贫、灾后重建、疫情防控等领域的经验在许多国家落地生根，惠及人民。在跨境电商、远程教育和医疗、智慧城市等领域的交流与合作前景大有可为。

第五，从业态环境看。社会组织开展国际交流合作的队伍不断壮大，讲政治、懂业务、肯奉献的人才不断增多，各领域领军组织和基本盘逐渐形成，枢纽性社会组织的平台作用进一步彰显，开展国际交流合作的生态体系初步成形。

二、后疫情时代社会组织开展国际交流合作面临的挑战不容忽视

第一，国际社会特别是发展中国家合作环境更趋复杂。当前，我国社会组织开展国际交流合作的主要对象仍是广大发展中国家。其中部分国家处于社会转型阶段，发展程度、治理模式、民族关系具有复杂性，政治、经济、社会等方面的风险较为突出。在当今世界百年变局背景下，单边主义、保护主义、霸权主义对世界和平与发展构成威胁。广大发展中国家受此影响，相互之间合作的不稳定性和不确定性增加，我国社会组织开展民间国际交流合作面临的外部环境日趋复杂。

第二，新冠肺炎疫情给民间交流合作带来隔阂和障碍。新冠肺

炎疫情暴发使人员交流受限，多数国家采取关闭边境、取消或减少国际航班、收紧签证和取消工作居留等限制措施。民众往来受阻导致相互之间互信难度增加。发展中国家民众认知和舆论受个别国家媒体影响而走偏，信息不对称容易造成误解，产生心理隔离，从而影响发展中国家民众与中国开展民间交流合作的支持度和信任度。

第三，社会组织自身能力不足影响了开展国际交流合作的效果。社会组织多位一体的综合素质和管理能力参差不齐。有些社会组织成员准入门槛较低，素质存在差别，能够承担国际交流合作项目的人员较少；有些社会组织的成熟度不高，内部治理结构有待进一步规范和完善，对国际交流合作的战略目标制定、人才引进与任职、资金管理和品牌建设等多方面认识不足。这些短板制约了社会组织开展国际交流合作的实践。

三、以习近平新时代中国特色社会主义思想尤其是习近平外交思想为指引，进一步做好社会组织国际交流合作

第一，要明确目标，在推动民间外交和民心相通事业中找准定位。社会组织开展国际交流合作的事业只有与国家的事业、人民的事业紧密联系在一起，找准定位、作好谋划、有效发力，才能积极有所作为、取得成效。社会组织开展国际交流合作的目标就是推动

我国民间外交工作和"一带一路"民心相通工作。要以习近平总书记有关重要论述精神为指引，不断提高政治站位，增强工作的使命感和荣誉感，自觉提升工作能力和业务水平，在国家发展进步的事业中不断发展壮大自己，为实现我国第二个百年奋斗目标和中华民族伟大复兴作出应有贡献。

第二，要扎根基层，不断打造和擦亮品牌，激活开展国际交流合作的内生动力。要贯彻落实以人民为中心的发展思想，依靠扎根对象国民间社会，广泛开展联民心、聚民意、惠民生的交流合作项目，发挥我国在扶贫救灾、卫生健康、跨境电商、远程教育、智慧城市等领域的经验优势，不断打造和擦亮合作品牌，持续增加与当地民众的利益汇合点，切实提升当地民众的获得感、幸福感。逐渐培育社会组织开展国际交流合作的文化氛围，激发社会组织的内生动力。

第三，要以开放的姿态和专业的能力素养积极参与全球治理。当今世界，经济全球化进程面临挑战，新冠肺炎疫情加剧全球发展困境。面对挑战，不仅需要每个国家作出努力，也需要加强全球治理，推动全球治理向着更加公正合理的方向发展。全球治理也是攸关各国利益和普通民众福祉的大事，需要调动民间社会力量共同参与。社会组织在专业治理领域活动的政治敏感性较低，与国际非政府组织合作空间大，除了提供国际公共产品和社会服务以外，还可以依托中国特色治理经验和文化，发挥自身专长积极参与国际规则和标准的制定，积极参与全球治理体系改革和完善，提升中国在多边外交中的影响力。

第四，要因应形势发展不断创新国际交流合作的模式和方法提升影响力。新冠肺炎疫情背景下，大多数国家普通民众更加关注本国经济和自身生活条件的改善，惠及民生的合作项目仍是后疫情时代大有可为的领域。要继续深化开展在扶贫、医疗、教育、儿童、防灾救灾、环保、志愿者交流等领域的合作，持续创新做好社会组织品牌民生合作项目。此外，社会组织还要积极考虑依托 5G、人工智能、大数据等科技手段打造全新产业生态系统，采取"云交流""云签约""线上培训"等方式实现可持续交流合作。

第五，要通过加强自身建设不断提升在海外抵御和化解风险的意识和能力。社会组织要做好前期调研，加强对项目所在国政局、民意、安全环境等的分析研判，加强对所在国非政府组织活动法律法规的研究，建立定期情况发布、提前预警和突发情况应急反应机制。认真筛选甄别海外合作伙伴，加强与所在国枢纽型组织的联系协调，引导其在收集民生需求、寻找合作伙伴、协助中方项目物资落地、保障中方人员和项目安全、协调解决纠纷等方面发挥重要作用。鼓励有条件的社会组织设立海外办事处，推动风险防控职能前置。疏通与我国驻外使领馆联络沟通渠道，有效规避和应对风险。积极参加有关部门和平台培训，培养和积累高素质国际交流合作人才。

完善中国社会组织涉外法律体系建设

邓国胜
清华大学公共管理学院副院长、教授

王亮
清华大学公共管理学院博士后

作为政府、企业"走出去"参与全球治理的重要补充，近年来，中国社会组织在"走出去"帮助其他发展中国家消除贫困、改善民生、实现可持续发展方面做了大量工作，积累了一定的经验与教训。特别是在新冠肺炎疫情期间，社会组织积极响应党和国家号召，纷纷向国际社会伸出援助之手，积极践行了构建人类命运共同体的理念，彰显了中国社会组织的国际责任担当。社会组织在国际合作和全球治理领域承担重要角色的过程中，强有力的党建引领、完善的法律和政策体系是未来中国社会组织"走出去"获得长足发展的根本保障。

　　我国已经颁布了一些与社会组织"走出去"相关的法律法规、政策文件。2016 年，中共中央办公厅、国务院办公厅印发《关于改革社会组织管理制度促进社会组织健康有序发展的意见》，明确提出要"引导社会组织有序开展对外交流""发挥社会组织在对外经济、文化、科技、教育、体育、环保等交流中的辅助配合作用，在民间对外交往中的重要平台作用"；2021 年，国家国际发展合作署、外交部、商务部联合发布的《对外援助管理办法》提出"使用南南合作援助基金，支持国际组织、社会组织、智库等实施的项目"，这标志着我国社会组织被正式纳入对外援助体系，社会组织在法律上获得了参与政府对外援助的主体资格。随后，民政部颁布的《"十四五"社会组织发展规划》首次提出，稳妥实施社会组织"走出去"，有序开展境外合作，增强我国社会组织参与全球治理能力，提高中华文化影响力和中国"软实力"。可见，我国社会组织"走出去"有了更广泛的法律合法性和行政合法性。

　　党的十八大以来，以习近平同志为核心的党中央在治国理政的新实践中，形成了一系列新理念、新思想、新战略，为新时代社会组织健康有序发展提供了根本遵循和行动指南。中共中央办公厅、国务院办公厅《关于改革社会组织管理制度促进社会组织健康有序发展的意见》明确提出"努力走出一条具有中国特色的社会组织发展之路"；南南合作援助基金表示支持国内及受援国社会组织、国内外智库和国际组织，在其他发展中国家实施消除贫困、改善民生和提高社会发展水平的对外援助项目；中央财政设立支持社会组织参与社会服务项目；财政、税务等部门出台非营利组织免税资格认定、公益性捐赠税前扣除、公益股权捐赠不视同销售征收所得税、社会团体会费免征增值税等政策。社会组织"走出去"的过程中，党的领导不断加强，我国的扶持政策在不断完善。

同时也要看到，我国社会组织涉外活动的法律和政策体系建设仍然面临着一系列挑战，需要今后在工作和实践中不断改进完善。

一、强化党建引领是"走出去"的政治方向与价值导向

强化党建工作是引领社会组织可持续发展的根本保证。加强党对社会组织的领导、引领社会组织正确发展方向、促进社会组织自身良性发展，是保证社会组织发挥民间对外交往重要平台作用的前提。当前，社会组织党建工作取得了重要成效，但一些社会组织还存在内部思想认识不足、党组织相对松散等问题。面对社会组织党建工作的不足，首先，应当以党的政治建设为统领，持续落实中共中央办公厅《关于加强社会组织党的建设工作的意见（试行）》，中共中央办公厅、国务院办公厅《关于改革社会组织管理制度促进社会组织健康有序发展的意见》，深入推进党的十九大和十九届历

次全会精神在社会组织领域的学习贯彻全领域覆盖，引导社会组织牢固树立"四个意识"、坚定"四个自信"、做到"两个维护"，不断提高政治判断力、政治领悟力、政治执行力，为强化社会组织"走出去"政治方向提供正确的源头保证。其次，坚持党的领导，促进社会组织全体成员认知、认同、践行社会主义核心价值观。积极促进社会组织以社会主义核心价值观为价值导向，严格把关"走出去"的内容导向，在国际舞台上讲好中国故事，发出中国声音，担当践行全球治理中国方案的民间桥梁。

二、建立健全法律法规和政策体系

目前，我国社会组织的涉外法规和管理还存在一系列的短板需要补齐。一方面，我国社会组织"走出去"开展国际交流与合作，尚面临一些法律政策上的掣肘。一些与社会组织"走出去"息息相关的工作缺乏法律依据，或者可依据的法规层级较低、规定过于笼统含糊、针对性不强等。另一方面，社会组织"走出去"面临巨大的"外来者劣势"与海外合规风险，缺乏有关国内法律政策的保护与支持。为此，建议从以下几个方面进行考虑和改善。

第一，健全支持社会组织"走出去"的法律体系。建议完善有关法律法规，使得社会组织"走出去"的各个环节都有法定权利可依、法定义务可循。例如，在法律层面，可以在包括《慈善法》《海关法》等法律的修订过程中增加关于慈善组织参与全球治理等方面的内容，完善慈善组织开展境外项目的流程和规定，对慈善组织在境外设立机构和账户、捐赠物资出口等环节进行规范和引导；在行政法规和规章方面，更有针对性地为社会组织开展对外援助和到国际开展活动提供便利，在《外汇管理条例》和《进出口关税条例》等行政法规中破解社会组织在开展对外援助和境外活动时面临的关税和外汇管理方面的瓶颈，给予社会组织进行对外援助过程中的物资通关及税收减免等方面的支持等。

第二，建立降低社会组织"走出去"风险的风险控制体系。建议建立和出台社会组织涉外合规风控制度，帮助社会组织减少"走出去"所面临的风险。将社会组织"走出去"开展国际交流活动、对外援助活动、紧急救援工作、设立办公机构、雇佣海外员工、开展海外捐赠或服务、建立民商事合作关系等所可能面临的有关风险进行梳理和指导。

第三，提升对社会组织"走出去"的管理与治理。社会组织"走出去"开展国际交流活动在某种程度上代表着中国向国际社会提供的全球治理公共产品或服务。因此，提高社会组织"走出去"开展对外交流活动的专业性和效果，是管理和治理体系必须解决的问题。一是建议根据社会组织"走出去"开展对外交流活动的基本内容与形式载体等，制定社会组织"走出去"开展对外交流活动有关工作指南与最低标准建议，以引导社会组织提高"走出去"的国际视野和对外交流能力；二是建议积极发挥高等院校、研究机构和社会智库作用，加强社会组织实践发展的理论研究与政策研究，为社会组织"走出去"探索中国特色的经验道路与模式；三是为社会组织"走出去"的重点方向与具体工作内容提供指引，促进我国社会组织配合党和国家的有关政策，在构建以全人类共同价值为核心的人权共同体方面发挥主体性作用；四是建立海外援助需求信息等相关数据与最佳实践案例共享平台，为社会组织"走出去"传递经验，提供合作渠道；五是为社会组织"走出去"提供国际化人才培训，破解制约中国社会组织开展海外工作的瓶颈。

风险直击："走出去"的社会组织何以行稳致远

张强

北京师范大学风险治理创新研究中心主任、教授

王娅梓

北京师范大学风险治理创新研究中心研究助理

一、"走出去"：从祖国大地到世界舞台

当下，社会组织作为"第三部门"越来越多地走出国门、投身国际公益及人道主义事业，在构建人类命运共同体、完善全球治理体系进程中承担重要角色。随着"一带一路"建设和全球发展倡议进程的持续推进，我国社会组织"走出去"的内生动力日渐增强，人类命运共同体理念日益获得各方认同。广大社会组织从祖国大地

迈向世界舞台迎来了新的广阔机遇。

但与此同时，相对平稳的表层下仍隐藏着许多不确定性，各类结构性与非结构性风险"如影随形"。向内审视，当前国内社会组织自身正值优化更新的关键阶段，最新颁布的《对外援助管理办法》仍在融合完善的适应期，国内生态迭代尚不平衡、不充分，内部管理性风险呈现易发态势。放眼国际，新冠肺炎疫情蔓延延宕、全球化衰退态势屡屡浮现、气候变化加剧、俄乌冲突升级，国际发展前景广阔的背后，各类环境性风险荆棘密布。我们需要清醒认识到，社会组织"走出去"面临更加复杂的外部环境和发展路径。习近平总书记在党的十九大报告中首次提出：要坚决打好防范化解重大风险、精准脱贫、污染防治的攻坚战。面对这一系列风险，强化风险管理、统筹发展与安全不容忽视，建立适时且高效的安全发展框架与风险治理体系是社会组织顺利开展国内外项目的必要条件。如何科学认知风险、系统应对风险，将直接关系到社会组织"走出去"面临的是机遇还是灾难。只有做好风险的管理者，以风险意识武装头脑并高度重视风险防控，才能把握"走出去"机遇，开拓合作共赢新局面，在错综复杂的国际大环境中找到一条特色发展之路。

二、直面风险：社会组织"走出去"的多元挑战

社会组织"走出去"面临的系列风险呈现出内外交互、点面结合、动态发展、多元联动的总体特征。国内生态发展尚不完善，国际形势复杂多变，结构性风险与非结构性风险并存，加之新冠肺炎疫情仍在全球蔓延，社会组织"走出去"整体风险形势亟须重点关注，主要可划分为三大类风险，具体风险圈层如图 3-1 所示。

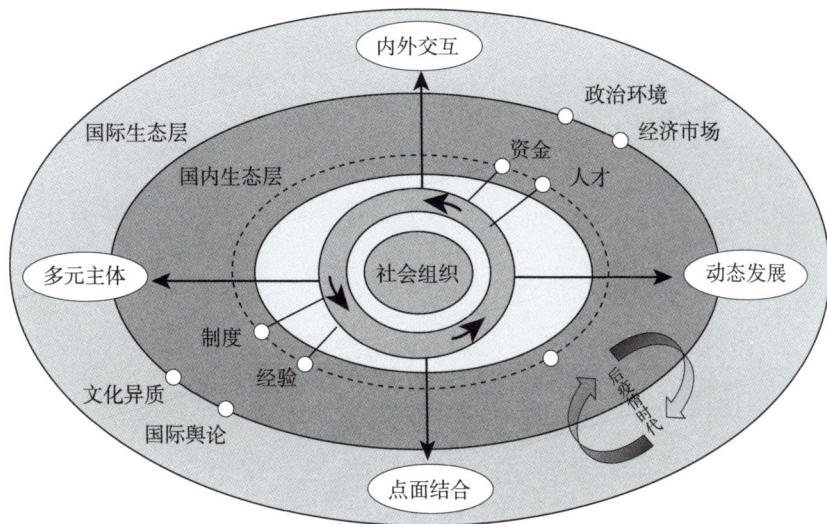

图3-1 社会组织"走出去"风险圈层示意

（一）组织内部管理性风险凸显

资源支撑力欠佳，抗风险能力仍待激发。各类资源是社会组织

"走出去"的必要支撑，一方面，充足的资金保障是社会组织"走出去"的基石。多数社会组织对外交流资金来源相对单一，政府依赖程度普遍偏高，"走出去"资金需求与资金募集现状之间存在较大差距。部分社会组织自身运营压力较大，开展海外项目的长期性、可持续性、规模性存在内源不足问题，进一步削弱了其应对风险冲击的韧性和灵活度。另一方面，人才是社会组织"走出去"的关键要素。社会组织日常工作开展及战略落实、服务提供在根本上依托于高质量、专业化人才。社会组织国际化发展要求从业人员具有开阔的国际视野、过硬的专业本领及熟练的应急处置能力。当前社会组织复合型人才紧缺。据悉，各地社会组织普遍存在招工稳岗难、人员与岗位匹配度不高等问题。❶ 尽管我国社会组织政务服务平台已开设人才服务专栏，但对于社会组织来说，高素质人才尤其是涉外人才仍面临一定缺口。

　　政策法律尚待完善，风险保障力度不足。风险法律及政策体系是从源头遏制风险的重要手段。当前针对社会组织"走出去"的各类政策法律具有一定滞后性，仍待完善。2016 年《关于改革社会组织管理制度促进社会组织健康有序发展的意见》颁布，从整体上为社会组织发展提供政策指导，并明确提出要规范社会组织涉外活

---

❶ 中华人民共和国民政部：《民政部搭建社会组织人才招聘平台》，http://www.mca.gov.cn/article/xw/mtbd/202112/20211200038549.shtml。

动，"引导社会组织有序开展对外交流，参加非政府间国际组织，参与国际标准和规则制定，发挥社会组织在对外经济、文化、科技、体育、环保等交流中的辅助配合作用。"《"十四五"社会组织发展规划》也提到了社会组织参与国际交流的问题，明确指出需进一步完善社会组织法律制度，推动出台《社会组织登记管理条例》，修订《中华人民共和国慈善法》，规范社会组织登记等具体举措。整体来看，现有体系为社会组织"走出去"提供了一定政策指引，但仍较为宏观，实践指导和可操作性较为欠缺。尽管地方规章中已有初步探索与尝试，比如2020年1月施行的《北京市促进慈善事业若干规定》提出鼓励慈善组织开展对外交流，并就其对外交流的外汇管理、登记管理等进行规范，但由于我国关于社会组织对外交流的整体规划起步较晚，尚缺乏一套可操作性强的法律制度体系，从而易导致决策制定执行与风险处置的脱节与迟缓，"走出去"的政策依托及法律保障功能相对有限，难以充分发挥从源头遏制风险的作用。

（二）国际环境性风险叠加共振

后疫情时代，国际政治复杂化与世界经济波动性共生。在百年未有之大变局的大背景下，社会组织面临着来自外部环境的多重风险冲击。后疫情时代相对平稳的表层下仍隐匿着许多不确定性，尤其是新冠肺炎疫情反复多变，大大增加了社会组织开展国际交流合作的难度。同时，当前国际政治环境错综复杂，在新冠肺炎疫情及国际形势的影响下，市场环境也受到冲击，产生波动。政治经济环境的不稳定使得原有的合作网络、沟通体系面临巨大冲击，为社会组织"走出去"后正常工作及长效发展增添了极大不确定性与潜在风险。

2022年年初，国际货币基金组织（IMF）预计2022年世界经济将增长4.4%，低于2021年的5.9%。这一预测的判断主要基于世界经济复苏势头减弱、下行风险上升的基本态势。过去两年中，全球财政支持总额高达16万亿美元，接近全球统计总量的20%，加之全球供应链扰动、能源价格波动、通胀快速上升，经济复苏韧性难以避免地受到影响，世界经济正颠簸行进。与此同时，世界范围内气候变化影响加剧，非洲之角遭遇数十年来最严重旱灾，人道主义局势高度紧张。❶ 世界粮食计划署对受灾地区提供粮食援助、预警服务和现金补助等多种形式的帮扶，中国也宣布向索马里、厄立特里亚等提供紧急粮食援助，进一步推动深化南南合作。广大发展中国家面临着干旱、多种冲突、气候变化和新冠肺炎疫情的累积冲击，恶劣的生态环境及短缺的资源保障，加之复杂的国际大环境，为中国社会组织参与人道援助与发展工作带来不小的现实压力与挑

---

❶ 新华社：《联合国：旱灾可能导致非洲之角1500万人面临人道危机》，https://m.news.cn/2022-04/09/c_1128545391.htm。

战，对社会组织"走出去"的风险应对能力提出更高要求。

国际舆论频频交锋，呼唤新型全球风险治理体系。在错综复杂的国际形势下，我国社会组织"走出去"必然难以一帆风顺，活动交流、文化融合的同时还伴随着诸多利益的交锋。我国社会组织与政府关系密切，易引发部分国家和民众的误解，某些西方国家和媒体甚至进行污名化解读，歪曲宣扬中国社会组织"走出去"的种种行动。如果不能及时加强信息的双向沟通，则在一定程度上间接为谣言提供温床，放大国际舆论风险的社会危害。因此，中国社会组织"走出去"面临的国际舆论风险不容小觑。此外，现阶段国际风险具有显著的耦合性和全球化特征，其衍生与传播绝不孤立，而是互相关联、互相影响，一个风险的萌生与发展往往易引发各类系列风险相继产生，从而打破时间空间的边界，呈现全球化扩散态势。国际多元风险的叠加共振，对社会组织的风险治理能力提出更高要求，亟须灵活改革与重塑基于全球新型风险治理体系下的社会组织风险治理模式。

（三）内外部风险动态交互

内部生态尚不稳固，可持续性有待提升。当前我国社会组织正值更新迭代的关键时期，相应的"气候"和"圈层"尚未完全形成，社会组织想要长期、可持续的"走出去"并发挥规模化影响面临不小的风险与挑战。从外部政策环境来看，我国《对外援助管理办法》

正处于更新完善的适应期，组织自身观念理念、管理方式等也尚未完成动态迭代的转变，稳固的生态环境尚未形成。在多重风险因素叠加的结果下，社会组织"走出去"的特定领域难以形成稳定的圈层，风险的源头遏制及应急处置能力均未发展完善，加剧了其应对风险所需资源和机会配置的不对称性，从而影响风险治理的效果。

外部环境复杂多变，多元协同网络缺失。社会组织"走出去"，意味着其服务对象数量、结构、范围的巨变。多元化的世界舞台之上，不同的价值观念与信仰、多样化的文化素质、差异性的家庭背景将贯穿社会组织"走出去"的始终，且这种异质性往往会在社会组织投身工作及服务的过程中被进一步放大，易与当地风俗习惯、宗教、文化、语言等产生不匹配、不适用的情形，发生摩擦与冲突的可能性随之增加。目前国际环境有效协同的生态网络尚未健全，社会组织置身世界大环境，受到逆全球化态势、冲突阻碍、经济波动等因素影响，难以有效凝聚合力。因而对"走出去"的社会组织来说，如何科学应对外部系统性风险仍存在不小压力。

三、聚焦实践："走出去"之后，社会组织如何走得稳、行得远

在风险社会的大背景下，社会组织的系统风险管理需充分容纳

政府及社会多元主体，以科学视角看待重大风险发生的可能性，兼顾组织内部、国内生态、国际环境多重维度，加强安全发展体系和能力建设，助力社会组织"走出去"持续稳步行进。

（一）风险的治理体系：推进顶层设计，完善生态系统

建立系统的风险治理体系是从源头遏制社会组织"走出去"风险的重要手段。国家及地方应从源头入手，加强社会组织"走出去"的顶层设计，积极统筹发展与安全，梳理现有法律法规并及时修订与完善，通过试点不断尝试与探索风险治理的实践创新，从而及时控制与消除风险因子，推进风险治理的关口前移。同时，应从法律与政策层面明晰各风险治理主体边界及实施细则，使社会组织在国际交流中有法可依。在风险治理体系建设层面，应尝试将风险预警、风险研判、预案制定等全过程风险管理纳入日常治理之中，推进相关议题讨论常态化，充分发挥专家系统、社会舆情等主体在风险治理体系构建中的积极作用，为社会组织"走出去"提供体系保障及智力支持，提供一个可进入、适应性强的优良生态环境。此外，社会组织"走出去"的发展与法律政策的完善应当是一个良性互动的动态过程，需要通过社会组织"走出去"的不断尝试与创新，积极探索科学应对风险的新模式，从而反过来为整体环境的完善提供推力，以重新审视传统风险防治体系，并积极构建社会风险治理体系新模式。

（二）风险的内部控制：加强内部建构，提升组织韧性

加强内部风险控制是提升社会组织发展韧性的必要途径。在资金层面，应推动建立健全多元筹资渠道，为社会组织"走出去"提供长期可持续的资金支撑。在涉外人才层面，注重内部人才建设，吸引、培养并留住一批擅长跨文化交流的复合型人才，以高质量人才储备提升国内外复杂化形势的应对能力。此外，社会组织应注重在组织规划中强调风险识别与应对能力的培育，认真开展风险评估和应对预案编制等工作，实现资源与人才的联动，从组织内部为"走出去"目标实现提供韧性与活力。

（三）风险的多元合作：协调多方联动，共探创新体系

风险治理的有效性依托多方主体的协同合作。搭建风险治理协同机制，一是在"走出去"的社会组织内部搭建沟通协作平台，促进其在走进世界舞台进程中互学互鉴、互为支撑，从而在角色定位和认知提升的同时，进一步凝聚合力以应对风险；二是搭建社会组织与政府、企业等各主体间的桥梁纽带，进一步明确社会组织与政府及企业之间的分工协作，从政策、培训和能力建设层面作更多深入探讨，构建风险治理的支撑网络；三是与南南合作、全球发展倡议框架下的志愿服务互为促进，探索"走出去"的多元有效形式，借助提供专家咨询、信息交流、知识分享、项目对接等多种形式的服务，进一步发挥南南合作等网络建设的积极意义，有力促进发展中国家间的多领域合作延伸和拓展，[1]加强风险治理多主体的广泛合作，在反思学习、经验总结的基础上，提高风险治理有效性，推动风险治理纵深发展。

（四）风险的信息沟通：强化宣传引导，转化思维认知

及时有效的信息互通是科学识别风险、处置风险的重要方法。应充分发挥智库、媒体的积极作用，拓宽风险信息源并促进风险信息及时发布，为后续风险处置创造先决条件。此外，应加强对外宣传平台及机制建设，加强国内外民众对我国社会组织"走出去"的客观认知及观念认同，及时澄清不实言论，积极扭转认知偏差，为社会组织"走出去"凝聚动力、削弱阻力。在加强宣传引导的同时，进一步完善社会组织自身的风险认知理念，从国内思维转变到国际思维，推动风险文化建设，搭建全员参与的风险治理模式，将自身文化理念与全人类共同价值相结合，提高社会组织风险治理意识及应急处置能力。

四、小结

在错综复杂的国内外形势下，科学防控风险是社会组织"走出去"

---

[1] 中国民促会：《中国民促会加入中国南南合作网》，https://www.cnie.org/www/NewsInfo.asp?NewsId=1341。

的关键点。社会组织"走出去"需充分考量各类风险隐患，强化风险管理能力，立足实际、审慎稳妥，以科学视角及早预见并化解重大风险，提升风险治理意识及能力。科学防控风险有利于社会组织在"走出去"的进程中真正扎下根、走得稳、行得远，探索在世界舞台的新坐标，以友爱关怀、共同发展的理念为构建人类命运共同体贡献中国民间力量。

关于中国行业协会商会参与全球经济治理改革和建设的建议

游斐

北京师范大学国际非政府组织与基金会研究中心执行主任、高级研究员

杨丽

北京师范大学国际非政府组织与基金会研究中心主任

近些年来，逆全球化加剧，世界经济格局、产业链、供应链深刻调整，以美国为首的部分西方国家加快通过国际行业协会商会掌控话语权、设置国际议题，不断在非传统领域（如反恐）、现代新兴领域（如人工智能、文化创意）"跑马圈地"，甚至侵蚀中国传统优势领域（如儒学、中医）。中美贸易摩擦、新冠肺炎疫情和"新疆棉"事件发生后，无论是幕后还是台前，都不乏国际行业协会商会的独特身影。特别是在完成《区域全面经济伙伴关系协定》

（RCEP）签署、完成中欧投资协定谈判，以及正式申请加入《全面与进步跨太平洋伙伴关系协定》（CPTPP）、《数字经济伙伴关系协定》（DEPA）后，面临全球、区域经济社会发展新的机遇与挑战，中国行业协会商会"走出去"、参与全球经济治理体系改革和建设处于新的重要历史时刻。

新的历史条件下，围绕充分发挥中国行业协会商会"走出去"优势，拓展脱钩改革成果，助力双循环布局，积极参与全球经济治理体系改革和建设，提出以下建议。

一、完善顶层设计和系统布局，确立和实施社会组织（行业协会商会）"走出去"国家战略

顶层设计和系统布局旨在划界、统筹与对接，着力厘清政社、政商关系，统筹政社、政商合作，对接中国政府、中国企业国际战略布局。确立和实施社会组织（行业协会商会）"走出去"国家战略，建立国际非政府组织/国际性社会组织工作领导小组及其办公室，推进社会组织（行业协会商会）"走出去"、参与"一带一路"建设、国际（非政府）组织人才培养与输送、北京"国际交往中心""国际科技创新中心"和国家服务业扩大开放综合示范区建设，以及中国（京津冀、长三角、大湾区、中西部、东北地区）自由贸易试验区建

设国家层面战略统筹，将社会组织（行业协会商会）"走出去"、参与全球经济治理体系改革和建设纳入中央国安委、中央外事工作委员会核心议题和战略规划，纳入和统筹中央外办、中联部、中央统战部、国合署、外交部、商务部、民政部、公安部、安全部、国家发改委等部门职能职责，提升其在国家发展和国家安全中的地位和作用。以社会组织（行业协会商会）"走出去"国家战略为导向，制定中国行业协会商会参与全球经济治理体系改革和建设总体方案，明确战略目标、主要任务和相关措施。规范、推进中国行业协会商会参与全球经济治理改革和建设工作体系，化解、防范中国行业协会商会参与全球经济治理体系改革和建设风险，维护国家主权、安全、发展利益，推进国家软实力、人类命运共同体建设，提升中国行业协会商会的国际地位、责任、能力、全球覆盖面和影响力。

二、深入对接行政脱钩改革成果，加快推动中国行业协会商会参与全球经济治理领域专项立法

总结、推广《深圳经济特区行业协会条例》经验和做法，加快研究、制定、出台《行业协会商会条例》，引领、倒逼和推进《社会组织登记管理条例》尽早落实、落地，推动制定中国行业协会商会"走出去"、参与全球经济治理体系改革和建设专项法律法规体

系，为建立健全中国行业协会商会新型登记管理体制和日常监督管理工作确立法律法规依据。深入对接脱钩改革成果，以规范发展全国性、国际性行业协会商会为切入点，以制定和实施《全国性行业协会商会章程示范文本》《国际性社会团体（含行业协会商会）章程示范文本》为突破口，加强行业协会商会领域立法政策研究、探索与创新，推动形成行业协会商会脱钩改革、"走出去"与参与全球经济治理改革和建设内在统一、相互衔接的根本性、全局性和长期性制度成果，以法规政策形式固定下来，为中国行业协会商会"走出去"、参与全球经济治理体系改革和建设及长期稳定健康发展提供法治政策保障。推动、落实各行业管理部门将中国行业协会商会"走出去"、参与全球经济治理体系改革和建设纳入本行业本领域立法规划和修订工作，确立和提升行业协会商会行业治理体系和能力建设功能作用、职能定位、活动规范，为中国行业协会商会"走出去"及其参与行业治理、全球经济治理体系改革和建设提供法规政策支撑。

三、强化综合监管与规范发展，建立健全中国行业协会商会参与全球经济治理配套支持体系

总结、对接联合国国际非政府组织一般性行为规范，借鉴、扬

弃美、英、日等发达国家将国际、国内非政府组织纳入统一法律规制及过程、对其进行行为监管的做法，探索建立行业协会商会综合监管、规范发展配套支持法律政策体系，为中国行业协会商会"走出去"、参与全球经济治理体系改革和建设搭建平台、创造条件。改革完善行业协会商会管理体制，引入行业管理部门，探索建立新型综合监管机制，对接、推动中国行业协会商会"走出去"、参与全球经济治理体系改革和建设。明确商务、外交部门专项职责，建立中国行业协会商会"走出去"、参与全球经济治理体系改革和建设制度化沟通机制。统筹综合监管、支持配套部门，探索行业协会商会自身发展特点和规律，破除中国行业协会商会"走出去"、参与全球经济治理体系改革和建设显性、隐性卡点、阻碍。加强需求研究，确定重点行业、重点领域、重点区域，积极稳妥推进分类发展，着力发挥推动产业转型升级和创新发展、培育新模式新业态、推广新产品新服务新技术、开展行业自律、制定行业标准、调节贸易纠纷、加强对外经贸交流合作等方面中国行业协会商会参与全球经济治理独特优势和作用。设立和拓展南南合作援助基金、"一带一路"基金等专项资金，推动中联部、中央统战部、外交部、国合署建立中国行业协会商会参与全球经济治理体系改革和建设专项长效支持机制，建立健全资金、人才、项目、外事、税收、志愿者配套体系。

四、引入国际化治理结构和规程，提升中国行业协会商会国际战略与发展水平

推动中国行业协会商会以建设全球一流跨国／国际行业协会商会为目标，结合跨国／国际行业协会商会全球标准和新的历史条件下中国国际战略布局，不断夯实网络、平台、期刊／报告、项目、基金和法人治理根基。参考国际行业协会商会通行理念和成功做法，建立健全中国行业协会商会国际非营利法人治理结构，建立完善国际议事规则和运行机制，依章程选举产生理事会与秘书长，吸纳国际视野和经验专业人士进入理事会，增加政府离任官员、商业精英、非营利机构领袖和著名学者的成员比例。推动中国行业协会商会借鉴全球一流跨国／国际行业协会商会做法，引入、规范国际非营利法人治理规程，推广去行政化流程，深入推进组织现代化、规范化与国际化建设。加强国际筹融资能力建设，研发、绘制资源分布地图，打造国际化筹融资生态链，拓展筹融资渠道，实现资金来源多元化。结合中国行业协会商会组织宗旨、会员需求与国际需求，融合、对接全球关切、需求与国家利益，深化组织顶层设计，建立与中国跨国企业理念、资源、供需对接机制，开展符合当地特点和需求的民生类公益慈善项目，提升组织国际战略与发展水平。

五、吸揽和培养国际化专业人才，加强中国行业协会商会核心竞争力和国际能力建设

加强中央、省级行业协会商会国际化、专业化工作机构设置和力量配备，建立完善国内外政府机构协调、协同以及政社沟通、合作专项机制，充分借助、发挥联合国和国际组织体系、资源作用。建立中国行业协会商会国际人才教育、市场、发展，以及供需、薪酬、福利专项管道和机制，引入国际化专业人才与管理人才，吸引和留住熟悉国际标准、规则的优秀人才。科学实施中国行业协会商会国际发展战略，及时总结经验教训，提高行业协会商会运营国际项目、处理国际事务、协调国际关系职业能力与专业水平。开展中国行业协会商会从业人员专业培训，提升其国际素养与职业能力。探索中国行业协会商会国际志愿者制度，实施大学毕业生两年国际志愿者计划，吸纳专业型国内外志愿者参与，有效利用海外归国人士和近年来有海外访学、志愿、实习经历等优秀国际人才资源。加强中国行业协会商会国际能力建设，深入提升国际治理结构与规程、国际资源统筹与开发、国际公共产品与项目、国际项目设计与运营、国际标准、规则与话语体系，以及国际语言、本土合作、文化习俗适应性等核心竞争力和现代治理水平。

六、推动中国标准、规则国际化建设，提升中国行业协会商会国际话语权和国际影响力

研究、推广全球中央对手方协会（第一个总部落户中国上海的国际金融行业协会，也是唯一全球性中央对手清算机构同业组织）、世界中医药学会联合会等制定国际标准与规则经验与做法，鼓励、推动更多中国行业协会商会参与中国标准、规则和话语体系建立过程。深入推动中国标准、规则国际化建设，培养和输送通晓行业协会商会国际话语体系与中国话语体系的国际人才，引领国际标准与规则的制定，掌握、对接国际规则、习俗和话语体系，积极抢占和主导国际标准、国际规则制高点。加强中国行业协会商会深度国际合作，将符合组织宗旨优势项目发展为品牌项目，将品牌项目发展为具有较高全球影响力的项目。及时总结中国行业协会商会海外项目运营经验，借鉴国外行业协会商会经验与教训，条件成熟时在海外设立办事处或分支机构，全面提升国际话语权和国际影响力。鼓励、推动中国行业协会商会以非政府、非营利、中立性、专业性身份为解决国际经济、产业纠纷作出贡献，维护中国企业利益和声誉。

七、发挥和提升中国行业协会商会作用，着力打造国内国际双循环功能平台

坚持以构建新发展格局为统领，与高质量共建"一带一路"相衔接，深入拓展行业协会商会脱钩成果，推动打造覆盖政府、企业、社会组织等不同主体的跨界对话与合作机制，帮助中国企业"走出去""引进来"，拓展全球市场。探索确立和提升中国行业协会商会与中央部门及地方政府、跨国公司、国际政府间组织的跨层次、多领域参与国际合作发展的主体与法律地位，着力推进国际化、专业性、高品质中国行业协会商会"走出去"及参与全球经济治理工作生态体系建设。围绕人类命运共同体、人与自然生命共同体建设、"一带一路"建设、新型南南合作，北京国际交往／科技创新中心建设、国家服务业扩大开放综合示范区建设，以及中国（京津冀、长三角、大湾区、中西部、东北地区）自由贸易试验区建设"一体两翼"布局，搭建新发展格局下国际、国内双循环"客场"与"主场"平台。立足党和国家战略性、基础性、前瞻性需求，聚焦全球性关切、议题与热点、难点，深入推进中国行业协会商会"走出去"、参与全球经济治理体系改革和建设工作研究、实践与政策创新，加快推动中国从行业协会商会大国走向行业协会商会强国。借助区块链、云计算、人工智能等技术，提升、优化中国行业协会商会"走出去"、参与全

球经济治理体系改革和建设工作管理服务平台，实施"互联网＋国际公益""互联网＋国际志愿服务""互联网＋全球合作"行动，打造境内与全球业务、资源、服务生态链。

八、借鉴国际行业协会商会经验和做法，依法、合规维护中国企业国际贸易正当权益

总结、推广国际、国内行业协会商会帮助中国涉事企业进行国际仲裁、诉讼的经验和做法，依法、合规维护中国企业国际经贸活动正当权益，深入推进国内、国际贸易标准、规则、秩序对标与对接，加快构建国内国际双循环相互促进、深层衔接新发展格局。结合国际行业协会商会国际仲裁、诉讼惯例与通行做法，着重加强中国行业协会商会以下三方面工作：一是加强国际贸易预警。建立中国行业协会商会国际贸易预警工作网站，第一时间为中国企业提供国际贸易动态、壁垒最新信息，及时、准确发布预警信息。二是加强行业协会商会发起协调、涉事企业主诉、国家商务部门支持一体化应对国际仲裁、诉讼联合联动工作机制。三是加强实务研究、预案储备与培训交流。加强国际仲裁、诉讼实务研究，开展跟踪、比较研究，总结借鉴全球经验教训；成立专家委员会，建立专项数据库，做好国际仲裁、国际诉讼案例、判例与预案储备；开展国际仲

裁、诉讼理论与实务培训交流，推动更多中国行业协会商会掌握专业、实操知识，主动会同涉事企业和政府部门采取相应法律行动，积极维护涉事企业正当权益与国际贸易秩序。

九、倡导和推动行业合作与跨界协作，积极参与全球产业链、供应链治理改革和建设

鼓励、支持中国行业协会商会参与全球产业链、供应链治理，倡导和推动行业合作与跨界协作，维护、提升中国全球产业链、供应链地位，积极开辟、扩展中国国际贸易和经济合作空间。推动建立中国注册全球性、区域性行业协会商会网络或联盟，统筹、协调各国产业链、供应链和经济、产业合作关系。加强与国际行业协会商会交流合作，支持中国行业协会商会通过国际倡议、国际平台、国际会议，积极维护中国进出口企业权益，及时了解和掌握全球产业链、供应链变化信息和动向，适时调整中国全球产业链、供应链布局，充分发挥民间经济外交作用。鼓励、支持中国行业协会商会加入国际行业协会商会网络或联盟，推动更多中国行业协会商会特别是全国性行业协会商会"走出去"，参加国际行业组织和商会组织活动，积极担任理事、副理事长、理事长等治理团队重要成员，深入参与全球产业链、供应链治理体系改革和建设。

中国社会组织"走出去"的机会和方略

黄浩明

深圳国际公益学院前副院长、教授

一、中国社会组织"走出去"的机会分析

中国社会组织"走出去"得到了党和政府及社会各界的重视和支持，主要体现在以下几个方面。

第一，党中央和国务院高度重视引导社会组织有序开展对外交流。2016 年 8 月 21 日，中共中央办公厅、国务院办公厅印发了《关于改革社会组织管理制度促进社会组织健康有序发展的意见》，明确提出："引导社会组织有序开展对外交流，参加非政府间国际组织，参与国际标准和规则制定，发挥社会组织在对外经济、文化、科技、体育、环保等交流中的辅助配合作用，在民间对外交往中的重要平

台作用。完善相应登记管理制度，积极参与新建国际性社会组织，支持成立国际性社会组织，服务构建开放型经济新体制。"❶

第二，法律层面规范社会组织开展国际合作。2016 年以来，随着《中华人民共和国慈善法》和《中华人民共和国境外非政府组织境内活动管理法》（2017 年 11 月 4 日修订版）的通过和先后实施，中国的慈善事业正式迈入法制化轨道，社会组织与境外非政府组织的合作有法可依并有明确的法律程序和规范要求。

第三，"十四五"规划有关文件明确提出稳妥实施社会组织"走出去"。2021 年 9 月 30 日，民政部发布了《"十四五"社会组织发展规划》，明确提出了"稳妥实施社会组织'走出去'，有序开展境外合作，增强我国社会组织参与全球治理能力，提高中华文化影响力和中国'软实力'"❷。这为社会组织"走出去"开展国际交流合作提供了有力的依据。

第四，相关部门支持社会组织参与国家对外援助工作。2021 年 8 月 27 日，国家国际发展合作署、外交部、商务部审议通过《对外援助管理办法》。该办法于 2021 年 10 月 1 日正式施行，为社会组织参与中国对外援助提供了制度保障，具有重要的历史意义。该办法

---

❶《中共中央办公厅 国务院办公厅印发〈关于改革社会组织管理制度促进社会组织健康有序发展的意见〉》，http://www.gov.cn/gongbao/content/2016/content_5106178.htm。

❷《民政部关于印发〈"十四五"社会组织发展规划〉的通知》，http://xxgk.mca.gov.cn:8011/gdnps/pc/content.jsp?id=15126&mtype=。

表明，中国的对外援助体系鼓励和支持社会组织参与。例如，该办法第十九条中提出，对外援助项目类型中包括南南合作援助基金项目，即"使用南南合作援助基金，支持国际组织、社会组织、智库等实施的项目"。❶ 该条规定明确了国内具有合法身份的社会组织（社会团体、社会服务机构、基金会）及智库机构等社会力量都可以参与中国政府的对外援助工作。这为社会组织"走出去"获得国家资金支持提供了保障。

第五，全国政协委员提出引导社会组织参与"一带一路"建设的建议。2017 年两会期间，全国政协委员蔡国斌建议，在国务院"一带一路"领导小组办公室下，设立社会组织专门工作机构，牵头组织、协调和动员社会组织力量参与"一带一路"建设。有计划、有选择地吸纳一批精通社会组织管理业务的优秀党员干部进入相关工作机构，党委、政府对其要足够信任和重视，通过交任务、压担子，将社会组织纳入"一带一路"建设中。同时，通过成立"一带一路"非政府贸易合作组织等，与沿线各国民间组织、半官方机构、国家智库、国际组织开展合作，定期举办"一带一路"国际大会，为各国民间组织、国际组织及相关学术团体提供一个共商经贸、生态、人文可持续发展的高端对话平台，建立起国际经贸合作交流常态化

---

❶《国家国际发展合作署 外交部 商务部 令（二〇二一年第 1 号）〈对外援助管理办法〉》，http://www.cidca.gov.cn/2021-08/31/c_1211351312.htm。

沟通机制。❶

第六，全国人大代表提出推动社会组织参与"一带一路"建设的建议。2021 年，全国人大代表吕建中在两会期间建议，一是加强政策引导，统筹各方资源，构建我国社会组织参与"一带一路"建设的合作机制。由推进"一带一路"建设工作领导小组办公室协调社会组织更好推动"一带一路"民心相通，形成政府主导、企业参与、社会组织促进的立体格局，全方位加强同各国各界人士的交流交往。二是支持我国社会组织积极参与改革完善全球经济治理体系。由商务部、外交部等部委研究出台鼓励和推动社会组织参与国际经贸规则体系改革的指导意见，协调推动我国社会组织发挥好统筹性、专业性等特征，主动参与国际经济治理体系变革和国际经贸规则制定，特别是积极参与投资便利化以及数字经济、电子商务等领域标准、规则的制定，增强我国在国际经贸规则和标准制定中的主导权与话语权。三是加强专业人才队伍建设。培养一批具有国际视野和进取精神，熟悉国际规则和国际话语体系，有较强跨文化沟通能力的人才加入社会组织。制定相关办法和指导意见，支持商务、外交、社会组织管理等相关部门的专业人才在退休或离职后进入社会组织任职，帮助相关社会组织实现规范管理、科学运行，不断提升服

---

❶《蔡国斌：引导社会组织参与"一带一路"建设，有劲一起使》，人民政协网北京 2017 年 3 月 6 日电。

务"一带一路"建设、促进民心相通的能力和水平。❶

　　除此之外，社会组织研究专家也提出国家应鼓励社会组织"走出去"，参与全球治理。2021 年 10 月期《中国经济社会论坛》杂志刊登黄浩明的署名文章《发挥高端智库作用 助建全球治理体系》中表述了社会组织参与全球治理的四大积极作用、社会组织参与全球治理面临的三个主要问题、推动社会组织"走出去"的三大建议、加强全球治理人才队伍建设的四大方向及相关案例，特别指出要加强全球治理人才建设，突破人才瓶颈，做好人才储备，为我国参与全球治理提供有力人才支撑。❷

　　党的十八届三中全会提出激活社会组织活力，中国社会组织作为民心相通的主体力量之一，在"一带一路"建设中发挥着重要作用。2017 年 11 月 21 日，首届丝绸之路沿线民间组织合作网络论坛在北京召开，习近平主席向论坛致贺信指出："民间组织是推动经济社会发展、参与国际合作和全球治理的重要力量。"❸ 社会组织可以在增进民心相通、构建多元互动的人文交流合作新格局、参与国际人道主义救援、开展扶贫济困和社区公益事业中发挥不可替代的作用。

---

❶ 《吕建中代表：构建我国社会组织参与"一带一路"建设的合作机制》，http://www.jjckb.cn/2021-03/07/c139792485.htm。

❷ 《黄浩明：将中国元素纳入到国际新共识，为新的全球治理增添"中国色彩"》，http://www.cgpi.org.cn/index/hotnewstext/id/1265.html。

❸ 《习近平致首届丝绸之路沿线民间组织合作网络论坛贺信（全文）》，新华社北京 2017 年 11 月 21 日电。

二、社会组织"走出去"面临的挑战

从微观和宏观两个视角看，我国社会组织"走出去"都面临较大的挑战。微观层面，我国社会组织"走出去"存在着六个"缺乏"，包括缺乏"走出去"的意愿和价值观、缺乏机构国际化战略、缺乏海外项目办公室、缺乏海外工作机构或者"靠谱"的合作伙伴、缺乏国际化专业人才和实战经验、缺乏稳定的资金和资源供给。宏观层面有六个方面的"障碍"，包括认识障碍即部分主管部门对社会组织"走出去"的认识不到位、法律障碍即缺乏法律方面的支撑和法律依据、机制障碍即缺乏有效统一协同机制、信任障碍即业务主管部门对社会组织"走出去"缺乏足够信心和信任、资金障碍即相关部门对社会组织参与援外工作还没有形成系列的资金支持和政策指南、民心障碍即社会层面缺乏舆论支持。微观层面的六个"缺乏"和宏观层面的六个"障碍"构成了中国社会组织"走出去"面临的巨大挑战。

三、社会组织"走出去"的方略

推动我国社会组织"走出去"，需要从战略层面提出切实可用的发展方案，建议考虑以下五种路径和合作模式。

一是拓展"属地伙伴"型机制。社会组织在国际化过程中，与属地国的社会组织建立长期合作伙伴关系，利用他们的专业人力资源，共同执行双方合作的公益项目，为我国社会组织开展国际化战略提供必要的支持，尤其吸纳一批属地国对我友好的专业管理人才参与社会组织的管理事务，包括公益项目的立项、项目执行和监测评估。

二是建立"民办官助"型机制。社会组织当先运作，政府给予资金支持。政府在援外资金中，拨出一定比例的民间专项资金，通过社会组织执行政府的援外资金国际化机制，开展民生支持、社区发展、环境保护、气候变化、教育等方面的项目。

三是构建"社办联企"型机制。社会组织当先运营，联合率先"走出去"的企业，发挥区域社会组织与国际社会、所在国社会组织、社区联络的优势，形成与企业联合的双赢格局机制，尤其是利用企业的海外网络和产品生产基地，公益优先行动，推动社会价值引领社会文明。

四是形成"借船出海"型机制。社会组织与现有国际民间组织合作，尤其是同目前在华开展活动和项目合作的 600 余家境外非政府组织合作，以目前的合作模式为基础达到合作机制的现代化，借用国际民间组织和联合国体系的渠道、经验、技术、网络和人脉，开展现代化意义的全面合作。

五是打造"社媒合作"型机制。社会组织在国际化路径选择过程中，通过媒体介入和支持，促进社会组织强化国际化视野，利用自媒体优势，与青年人合作，了解年轻人的意愿，发挥年轻人的创新作用，促进社会组织"走出去"战略的实现。❶

四、关于中国社会组织"走出去"的政策建议

第一，进一步提高各级党委和政府对社会组织"走出去"重要性的认识。各级党委和政府需要从国家战略发展的高度认识到，社会组织"走出去"是国家治理现代化的重要组成部分，可配合国家应对变化多端的国际局势。

第二，立法先行，补齐制度短板。在推进中国社会组织"走出去"和国际化的进程中，法律的导向特别重要。健全中国社会组织"走出去"和国际化法律法规，在《对外援助管理办法》中明确提出支持中国社会组织参与国家对外援助工作。

第三，加强国家层面的社会组织"走出去"顶层设计。包括政策研究、理论研究和国别研究，提供全方位的智力支撑。社会组织"走出去"的国家顶层设计是支持社会组织有效治理的重要内容，而社

---

❶ 黄浩明:《社会组织走出去:国际化发展战略与路径研究》,北京:对外经济贸易大学出版社,2015年版,第131—135页。

会组织的顶层设计需要从组织建设、战略设计、资金筹集、专业人员管理和安全要素等方面全面综合考虑。鼓励学界的理论研究和国别研究为社会组织"走出去"提供指导和引领。

第四，政府购买社会组织对外援助服务，全方位给予资金支持。中国社会组织在"走出去"过程中资金不足是一个普遍现象。目前而言，重要的是中央政府完善现有的政府购买机制，建立中国社会组织"走出去"专项资金，重点支持有条件的社会组织优先"走出去"，通过不断实践，提升中国社会组织"走出去"的实践能力。

第五，加强中国社会组织"走出去"能力建设。除民政部的中央财政专项支持以外，建议国家国际发展合作署在对外援助资金中，例如南南合作基金中建立一个中国社会组织"走出去"的能力建设专项资金，资助中国社会组织开展"走出去"专业人员培训、青年志愿者训练、经验共享等。

国际发展合作视角下的中国社会组织"走出去"展望

中国社会组织"走出去"既是在中国政治经济社会文化系统不断成熟下的自然衍生行为，也是在国际发展合作重塑过程中可发挥积极促进和辅助作用的新生事物。在国内国际框架下审视中国社会组织"走出去"的未来方向尤为重要和迫切。通过加强审视，国内相关政府部门及其他相关主体能够更好地给予政策支持，同时也能激发出国内社会组织"走出去"的内在动力。

一、国际发展援助、南南合作、中国角色

国际发展援助体系是二战以来在西方主导下建构并完善起来的。国际发展援助体系在"马歇尔计划"支持欧洲之后将援助的基本目标定位于促进受援国的经济增长，后逐步转向到社会发展。❶新世纪以来千年发展目标和可持续发展议程都是这一转向的现实呈现。2000年9月，联合国千年首脑会议提出千年发展目标，着重解决全球最贫困群体的发展需求。2015年9月，联合国大会第70届会议上通过了《联合国2030年可持续发展议程》。该议程呼吁各个国家积极采取行动，推动实现17项可持续发展目标。

在国际发展援助体系中，除了南北合作，南南合作也是重要的组成部分。南南合作缘起于冷战反殖民主义的历史背景。此前由于国际发展合作话语一直受西方主导，进展缓慢，直到中国等南方国家崛起后，南南合作才有了新的发展契机。❷在此契机下，南南合作进入了一个新阶段，即"新南南合作"阶段。该阶段的主要特征是南方国家创造了新的发展经验与知识，形成了主权资本与国家发展主义相结合的发展资源，建立了南方国家自主性发展融资体系。❸

❶ 唐丽霞、李小云：《国际发展援助体系的演变与发展》，载《国外理论动态》，2016年第7期，第46—54页。

❷ 李小云、肖瑾：《新南南合作的兴起：中国作为路径》，载《华中农业大学学报》（社会科学版），2017年第5期，第1—11、144页。

❸ 李小云：《发展援助的未来——西方模式的困境与中国的新角色》，北京：中信出版集团，2019年版，第118—119页。

南方国家正在通过自主性发展融资体系、依托自身的发展资源向其他南方国家传递新的发展经验与知识。中国、印度、巴西等新兴经济体正在推动新南南合作的新进程。

中国在国际发展援助体系中的身份逐渐从受援国转变为援助国，同时也是新南南合作的重要推动者。与此同时，中国在国际发展合作中正在从一般参与者和规则遵守者逐步转变为引导者和规则制定者。2013 年，习近平总书记先后提出共建"丝绸之路经济带"和"21 世纪海上丝绸之路"倡议。"一带一路"倡议是中国向世界提供的重要全球公共产品，彰显了中国作为负责任大国积极参与全球治理的态度和行动。[1] 2021 年 9 月，习近平总书记通过视频方式出席第 76 届联合国大会一般性辩论并发表题为"坚定信心 共克时艰共建更加美好的世界"的重要讲话。习近平总书记在讲话中提出了全球发展倡议。这一倡议是中国为国际社会提供的又一重要公共产品和合作平台。[2] 全球发展倡议强调坚持发展优先、以人民为中心等理念主张，提出减贫、粮食安全、抗疫和疫苗、发展筹资、气候变化和绿色发展、工业化、数字经济、互联互通等八大合作领域。通过全球发展倡议引领联合国 2030 年可持续发展议程，构建全球

[1] 朱磊、陈迎:《"一带一路"倡议对接 2030 年可持续发展议程》，载《世界经济与政治》，2019 年第 4 期，第 79—100、158 页。

[2] 姚遥:《"全球发展倡议"为因应世界变局擘画蓝图》，载《红旗文稿》，2022 年第 4 期，第 44—46 页。

发展共同体。这是中国推进建设以合作共赢为核心的新型国际关系、助力重振联合国全球发展伙伴关系的重要宣示。❶

二、中国社会组织在社会与国家促动下"走出去"的实践

根据荷兰莱顿大学中国社会组织国际化数据库统计，中国有超过100家社会组织参与了国际捐赠或者援助项目，覆盖100多个国家。❷中国社会组织遵循西方国际非政府组织的早期发展路径，以人道主义救援作为"走出去"的主要领域。❸2004年印度洋海啸地震、2015年尼泊尔地震和2020年全球新冠肺炎疫情是中国社会组织"走出去"的重要节点事件。特别是在尼泊尔地震救援中，颇具规模的中国社会组织群体参与了灾后救援及重建工作。随着"一带一路"倡议的提出，中国政府在宏观层面倡导国内社会组织走出国门，促进"一带一路"沿线国家的民心相通。国内社会组织开始在国家的政策动员下，形成自发性的国际化趋势。中国红十字基金会、中国扶贫基金会、爱德基金会、阿里巴巴公益基金会、中国国际民间组织合作促进会、深圳国际交流合作基金会、全球环境研究所、

❶ 龙海波：《以"全球发展倡议"引领可持续发展》，载《中国发展观察》，2021年Z3期，第80—81页。
❷ Belt and Road Research Platform, https://www.beltroadresearch.com/ngo-map/.
❸ 董强、李小云：《民间组织参与国际发展：欧洲与中国》，北京：社会科学文献出版社，2020年版，第90、1121页。

北京平澜公益基金会等社会组织表现突出。中国民间组织国际交流促进会在此进程中发挥了重要推动性作用。云南省因为各方面的有利因素，成为社会组织走向东南亚和南亚区域的活跃省份。2020年全球新冠肺炎疫情发生以来，国内社会组织通过多种形式参与到全球抗疫行动，通过此次全球抗疫捐赠，将中国的公益力量拓展到了全球，扩大了中国公益在海外的地理版图。据深圳国际公益学院的不完全统计，截至2020年3月31日，国内社会组织已经或计划开展的全球抗疫行动覆盖六大洲至少109个国家（不含中国），占有疫情的国家的54%。❶

随着国内社会组织"走出去"的规模性开始显现，国家的政策支持信号也日益明确。2021年8月，国家国际发展合作署、外交部、商务部共同发布《对外援助管理办法》。该办法提出，"使用南南合作援助基金，支持国际组织、社会组织、智库等实施的项目"，中方可以同其他国家、国际组织、非政府组织等合作实施。在有利的制度环境下，国内社会组织将会获得更多的国内政府和社会资源用于海外的民间行动。

---

❶ 张明敏：《中国社会组织参与全球抗疫十大行动案例发布》，http://www.gongyishibao.com/html/gongyizixun/18511.html。

三、中国社会组织"走出去"的展望

中国社会组织"走出去"尽管存在很多的现实困难，但从国际发展合作的视角看，亦可以借助国际和国内诸多的发展契机。

中国社会组织"走出去"可以从四个方面深度推动全球可持续发展目标的达成。第一，在国内推动发展筹资。国内社会组织可以动员国内外的各方面资源用于可持续发展目标。国内社会组织开展海外工作的资源主要来自国内的公众、企业、基金会、驻华国际非政府组织等多方的公益资源。同时有些国内社会组织因其具有全球性的网络和专业能力，可以动员海外的国际组织或者国际非政府组织的资源用于海外工作。第二，在海外推动开展公益项目。针对多个可持续发展目标实施海外公益项目。国内的社会组织可以开展消除贫困、消除饥饿、健康福祉、优质教育、体面工作、气候行动与全球伙伴关系等多个目标的短期或长期项目。上述这些具体的可持续发展目标是国内社会组织专业能力较强的议题领域。第三，在国内推动关注海外贫困群体的呼吁与倡导行动。国内社会组织基于自身开展的海外项目涉及海外的弱势群体、边缘群体，可以在国内进行海外贫困群体利益呼吁和倡导。第四，在全球推动可持续发展目标的政治与社会承诺。在联合国等多边机制中积极倡导相关利益方承担落实可持续发展目标的责任。国内社会组织可以通过参与国际上各种多边机制的对话与谈判，基于自身的海外实践，促进各国政府及相关利益方以实际的行动助力可持续发展目标的实现。

新南南合作为国内社会组织"走出去"提供了重要契机，同时，国内社会组织也为新南南合作提供了新的社会发展方法与经验。中国社会组织经过早期参与新南南合作的探索，对南方国家的政治、经济、社会系统开始进行尝试性接触，试图寻找到中国社会组织在南方国家中可以参与的领域和回应的问题。国内社会组织长期积极参与国内的民生建设，回应不同社会群体的民生需求。在过去40年中，中国的社会组织形成了丰富的解决民生问题的公益方案与服务模式。中国社会组织在参与新南南合作的进程中，开始探索将国内民生建设的经验传递到南方国家。爱心包裹、免费午餐、大学生奖学金、水窖、健康快车等短期性的小型民生公益项目开始进入到南方国家。这样的民生类公益项目具有发展型与资源节约型的特征。当发展型与资源节约型的公益项目在南方国家开展时，虽然不能较快地解决民生问题，但是能够以较快的速度低成本覆盖较为广阔的区域，从而缓解特定的民生问题。此外，民生类公益项目注重与南方国家的政府民生工作的相互补充，形成融合式的公益方案，共同促进解决当地民众的发展问题。2019年，中国扶贫基金会和阿里巴巴公益基金会共同启动"国际爱心包裹"项目。截至2022年3月，"国际爱心包裹"项目获得超过26亿笔爱心捐款，募集善款超过 1.28 亿元，惠及缅甸、尼泊尔、埃塞俄比亚、柬埔寨、老挝、巴基斯坦、纳米比亚、乌干达、蒙古国、菲律宾和津巴布韦等 11 个国家，受益人数超过 100 万人。这一项目展示了社会组织以低成本快速回应南方国家的儿童教育用品不足的民生问题。中国社会组织正是借助这样类型的项目实施，将中国解决社会问题的公益经验分享到了南方国家。

从"一带一路"倡议到全球发展倡议，中国始终期望与全球各国一道走和平发展、开放发展、合作发展、共同发展的道路。中国社会组织"走出去"在民心相通和"以人民为中心"的发展思想两个方面可以发挥关键而独特的作用。"一带一路"倡议要努力实现政策沟通、设施联通、贸易畅通、资金融通和民心相通，前四个方面的相通都聚焦在经济发展层面，民心相通落脚在社会层面。根据国家商务部的统计，2021 年，中国企业在"一带一路"沿线对 57 个国家非金融类直接投资 1309.7 亿元人民币，主要投向新加坡、印度尼西亚、马来西亚、越南、孟加拉国、阿拉伯联合酋长国、老挝、泰国、哈萨克斯坦和柬埔寨等国家。[1] 对外承包工程方面，中国企业在"一带一路"沿线的 60 个国家新签对外承包工程的合同额达 8647.6 亿元人民币。随着中国促进"一带一路"沿线国家经济发展

---

[1] 中华人民共和国商务部：《2021 年我对"一带一路"沿线国家投资合作情况》，http://www.mofcom.gov.cn/article/tongjiziliao/dgzz/20220 1/20220103239000.shtml。

的同时，民心相通的重要性不断凸显。同时，全球发展倡议的提出促使中国社会组织在民心相通的基础之上，更加注重"一带一路"沿线民众的发展诉求。中国社会组织除了直接开展相关的民生类公益项目之外，还可以与中国的海外投资进行有效衔接，在海外投资的地域将经济发展与社会发展实现互促。中国社会组织可以通过研究咨询的方式呈现中国海外投资的"发展性"特征，同时开展一系列的社区或环境项目，弥补中国海外投资在社区和环境层面的短板，增强海外投资涉及的基层民众的发展获得感。只有这样，"一带一路"沿线的民众与中国民众才能实现更为广泛的民心相通，为人类命运共同体和全球发展共同体的构建发挥重要的支撑作用。